„... wie eine gebannte, unnahbare Zauberburg“

Burgen in der Pfalz

„... wie eine gebannte, unnahbare Zauberburg“

Burgen in der Pfalz

Ein Führer

Herausgegeben von Alexander Thon
in Zusammenarbeit mit
Burgen, Schlösser, Altertümer Rheinland-Pfalz
Landesamt für Denkmalpflege Rheinland-Pfalz

Mit Beiträgen von Peter Pohlit und Hans Reither

SCHNELL + STEINER

Umschlagvorderseite: Burg Trifels
Umschlagrückseite: Burgruine Landeck. Aquarell von Fritz Bamberger, 1864

Frontispiz: Burgruine Scharfenberg. Aquarell von Fritz Bamberger, 1864

Abbildungsnachweis:
Annweiler und der Trifels in der Malerei, hrsg. v. Stadt u. Verkehrsverein e.V. Annweiler am Trifels, Annweiler am Trifels 1975 (S. 15) – Ch[ristian] Böhmer, Die Wegelnburg und deren nächste Umgebung. Ein Wasgaubild, Landau 1865 (S. 161) – Manfred Czerwinski (Umschlagbild vorn, S. 18, 26, 30, 34, 38, 44, 48, 54, 58, 64, 68, 74, 80, 86, 90, 96, 100, 106, 112, 118, 122, 128, 132, 138, 142, 146, 152, 158) – [Philippe] de Golbéry u. Jean G. Schweighaeuser, Antiquités de l'Alsace ou châteaux, eglises et autres monumens des Departémens du Haut- et du Bas-Rhin, 2 Bde., Mulhouse/Paris 1828 (S. 154) – Emil Heuser, Pfälzerland in der Vergangenheit, Neustadt an der Haardt 1922 (S. 36) – Historisches Museum der Pfalz, Speyer (Frontispiz, S. 11, 22, 29, 32, 39, 61, 83, 91, 105, 114f., 120, 125 oben, Umschlag hinten) – Jürgen Keddigkeit u. Alexander Thon, Burg Meistersel. Eine Einzelstudie aus dem „Pfälzischen Burgenlexikon", in: Burgen und Schlösser 42, 2001, S. 40-47 (S. 111) – Landesmuseum Mainz (S. 98, 149) – Die Pfälzer Eisenbahnen und ihre Umgebungen in 28 malerischen Ansichten, Ludwigshafen 1854 (S. 17) – Pfälzisches Burgenlexikon 2, 2002 (S. 19, 49) – Hans Reither (S. 20f., 23, 25, 28, 33, 37, 40f., 43, 50f., 53, 56f., 60, 67, 72, 76, 78f., 82, 84f., 92f., 95, 99, 102f., 108, 110, 116f., 125 unten, 126, 135, 137, 140f., 148, 150f., 155-157, 160) – Franz X. Remling, Die Maxburg bei Hambach, Mannheim 1844 (S. 69) – J[acques] Rothmuller, Vues pittoresques des châteaux, monumens (!) et sites remarquables de l'Alsace, Colmar o.J. [1836-39] (S. 66, 134) – Daniel Specklin, Architectvra Von Vestungen, Strassburg 1589 (S. 13) – Stadtarchiv Landau/Pfalz (S. 14, 127, 130) – Alexander Thon (S. 46f., 62f., 71, 77, 88f., 109, 121, 131, 136, 144f.) – Franz Weiss, Die malerische und romantische Pfalz, Neustadt an der Haardt 1840 (S. 104) – Franz Weiss, Die malerische und romantische Rhein-Pfalz, 2., verm. Aufl. Neustadt an der Haardt o.J. [1855] (S. 73)

Bibliografische Informationen Der Deutschen Bibliothek
Die Deutsche Bibliothek verzeichnet diese Publikation in der Deutschen Nationalbibliografie; detaillierte bibliografische Daten sind im Internet über http://dnb.ddb.de abrufbar.

1. Auflage 2003

Leibnizstraße 13, D-93055 Regensburg
Satz und Lithos: Visuelle Medientechnik GmbH, Regensburg
Druck: Erhardi Druck GmbH, Regensburg
ISBN 3-7954-1570-5

Weitere Informationen zum Verlagsprogramm erhalten Sie unter:
www.schnell-und-steiner.de

Inhalt

Zum Geleit

Mit Fug und Recht darf man behaupten: Die südliche Pfalz und das angrenzende nördliche Elsaß sind „steinreich". Gräfenstein, Berwartstein, Blumenstein, Fleckenstein, Wasigenstein, so heißen einige ihrer Schätze. Mit den umgebenden Wäldern der Haardt, des Wasgau und der Nordvogesen machen diese Burgen den Reichtum dieser Region aus und sind nicht zufällig das Ziel zahlloser Touristen, die die mittelalterlichen Wehrbauten per pedes oder per Rad erwandern.

Der neue Burgenführer, der die herausragenden Denkmäler dieser reichen Burgenlandschaft in Text, Plan und Bild vorstellt, wird deshalb sicherlich großen Anklang finden. Unter den Burgen ist eine stolze Reihe, die von der staatlichen Schlösserverwaltung „Burgen, Schlösser, Altertümer Rheinland-Pfalz" betreut werden, wie die pittoresken Dahner Burgen, die Stauferburg Landeck, die hoch gelegene Wegelnburg und natürlich die Reichsburg Trifels mit ihren Begleitern Anebos und Scharfenberg.

Auch das Hambacher Schloss wird vorgestellt, das seit Anfang 2002 in der Trägerschaft einer Stiftung des Landes Rheinland-Pfalz unter kommunaler Beteiligung steht. Das Hambacher Schloss macht beispielhaft deutlich, dass unsere Burgen nicht nur Denkmäler der Architektur und der Kunstgeschichte sind, sondern auch Schauplätze, die sich mit wichtigen historischen Ereignissen und bedeutenden Persönlichkeiten der Geschichte verbinden: Mit der Gefangenschaft des englischen Königs Richard Löwenherz 1193, dem Minnesänger Konrad Püller von Hohenburg um 1250, den gescheiterten politischen Ambitionen des „letzten Ritters" Franz von Sickingen 1523, dem Bauernkrieg 1525 und dem Dreißigjährigen Krieg, den deutsch-französischen Auseinandersetzungen im Zeitalter Ludwigs XIV. und natürlich mit dem großen liberal-demokratischen Hambacher Fest von 1832.

Die erfolgreiche große Ausstellung „Die Ritter" im Historischen Museum der Pfalz in Speyer 2003, die Anlass war für die Herausgabe des „Zauberburg"-Führers, ist nur ein Beleg für das große Interesse vieler Menschen am mittelalterlichen Adelsleben. Mit dem von ausgewiesenen Fachleuten verfassten neuen Buch wird ihnen ein kundiger Einblick in diese Welt gegeben. Ich bin der Schlösserverwaltung dankbar, dass sie den von Alexander Thon herausgegebenen Burgenführer der Pfalz in ihre „Edition Burgen, Schlösser, Altertümer Rheinland-Pfalz" aufgenommen hat und wünsche dem Buch die verdiente Verbreitung.

Prof. Dr. E. Jürgen Zöllner
Minister für Wissenschaft, Weiterbildung,
Forschung und Kultur

Vorwort

Als im 19. Jahrhundert Kulturtouristen die rheinische Pfalz für ihre romantischen Vorstellungen entdeckten, standen dabei die malerischen Burg- und Schlossruinen im Mittelpunkt des Interesses – ein Interesse, das bis heute nicht nachgelassen, sondern sich auf allen Ebenen stetig verstärkt hat. Es gibt wohl kaum eine andere deutsche Landschaft, deren Bevölkerung sich so sehr mit „ihren" Burgen identifiziert und auseinandersetzt.

Dennoch stehen die pfälzischen Anlagen noch immer ein wenig im Schatten ihrer berühmten Kollegen vom Mittelrhein. Dass dieses Missverhältnis unbegründet ist, erschließt sich dem heutigen Besucher sofort: Von den Burgen in der Pfalz ist nur eine verschwindend geringe Zahl um- oder wieder aufgebaut worden, während der überwiegende Teil noch den ursprünglichen Baubestand, wenn auch in Ruinen, aufweist. Um eine typisch mittelalterliche Befestigung erleben zu können, sollte der Burgenfreund also keinesfalls den Weg in den Süden von Rheinland-Pfalz und auch in das sich anschließende nördliche Elsass versäumen.

Das vorliegende Buch „... wie eine gebannte, unnahbare Zauberburg" gibt einen fundierten Einblick in die pfälzische, mehr als 500 Anlagen umfassende Burgenwelt an Hand von 28 ausgewählten Beispielen aus der Südpfalz und dem unmittelbar angrenzenden Nordelsass. Es lehnt sich konzeptionell an den im vergangenen Jahr erschienenen Burgenführer zum Mittelrhein an, bietet also ebenfalls nach einer Einführung zum Gesamtthema die Bauwerke in Einzelporträts und abschließend ein Glossar der Fachbegriffe, ein weiterführendes Literaturverzeichnis und touristische Hinweise. Zu jeder Burg finden sich ein Luftbild, ein schematischer Grundriss sowie mindestens eine Boden- oder Detailaufnahme. Besonderes Interesse verdienen die nicht nur wegen des Vergleichs mit dem heutigen Baubestand aufschlussreichen historischen Abbildungen. Dem burgenbegeisterten Pfalzreisenden ist damit ein praktisches Buch an die Hand gegeben, mit dem sich der Burgbesuch im vorhinein planen und schließlich umfassend erleben lässt.

Unser Dank gilt Herausgeber und Autoren, die in sehr kurzer Zeit diesen fundierten Überblick als Ausschnitt aus ihrer jahrzehntelangen

Forschungstätigkeit nicht nur an pfälzischen Burgen geliefert haben. Ebenfalls danken möchten wir dem Landesmuseum Mainz, dem Historischen Museum der Pfalz in Speyer und dem Stadtarchiv Landau/Pfalz für die Erlaubnis zur Publikation teils bisher noch unveröffentlichter Abbildungen aus ihren graphischen Sammlungen.

Professor Dr. Wolfgang Brönner
Direktor des Landesamtes für Denkmalpflege
Rheinland-Pfalz

Thomas Metz
Leiter Burgen, Schlösser, Altertümer
Rheinland-Pfalz

Einleitung

Für den ächten, ungewaschenen vorderpfälzischen Bauern gibt es – von den gelehrten ‚Manschettenbauern' rede ich nicht – nur zwei Perioden pfälzischer Geschichte: Römerzeit und Franzosenzeit. Hiermit ist die ganze Vergangenheit ausgesprochen. Was alt ist, das war ‚vor der Franzosenzeit', was uralt, ‚zu Römerzeiten'; dazwischen liegt nichts als höchstens ‚König Dagobert', der mittelalterliche Heros des Pfälzervolkes, der aber wahrscheinlich auch noch ‚zu Römerzeiten' gelebt hat. Man sieht, hier ist in der That das Mittelalter noch sehr dunkel.

Mit diesen wenig schmeichelhaften Worten beschrieb Wilhelm Heinrich Riehl in seinem Buch „Die Pfälzer. Ein rheinisches Volksbild" 1857 die seiner Meinung nach landläufige Einstellung der Bewohner der rheinischen Pfalz zu ihrer Geschichte. Mag diese Auffassung damals begründet gewesen sein oder nicht, heute stimmt sie jedenfalls nicht mehr. Gerade das Mittelalter erfreut sich reger Beliebtheit, seine Licht-

Burgruine Neuscharfeneck. Sepiazeichnung von Peter Gayer, vor 1836

und Schattengestalten auf den römisch-deutschen Königsthronen wie Friedrich I. Barbarossa und Friedrich II. sind tief im Volksbewusstsein verankert und für die Pfalz vereinnahmt worden. Dabei hat kaum ein Aspekt die Phantasie stärker beflügelt als der Gedanke an Burgen, sei es nun mit Blick auf das irrtümlich als romantisch empfundene Alltagsleben oder weniger poetisch das Gedenken an (eigentlich relativ seltene) kriegerische Auseinandersetzungen.
Parallel zu Rezeption und Aufbereitung des Themas „Burgen“ in populären Medien hat die nüchterne Wissenschaft diesen oftmals verklärten und romantisierenden Vorstellungen ein realitätsnäheres Bild entgegenzusetzen versucht – immer in Sichtweite das Ziel, eine Antwort auf die Frage zu finden, „wie es denn nun wirklich gewesen ist“. Dabei ist es wichtig zu betonen, dass die Anzahl des verwendbaren Materials (Schrift- und bauliche Quellen) gerade für die mutmaßliche Hochzeit des Rittertums und der Burgen, das Hochmittelalter, verschwindend gering ist. Dennoch steht nach gut 150 Jahren Forschung und trotz aller noch offenen Fragen fest, dass eine mittelalterliche Burg sehr viel mehr war als eine reine Wehranlage, auch wenn sie ursprünglich nur in dieser Absicht gebaut sein mochte. Sie diente viel öfter anstatt zu militärischen Zwecken als Instrument zur Raumerschließung, als Wirtschaftsbetrieb, als Amtssitz und manches Mal als Macht- und Prestigesymbol oder einfach nur als immobiles Spekulationsobjekt, das immer wieder verpfändet wurde.
Diese allgemeinen Feststellungen gelten ungeschmälert auch für die pfälzischen Anlagen, deren Gesamtzahl – gegenwärtig schätzen wir mehr als 600 Burgen – zunächst verblüfft, tatsächlich aber auf eine einfache Ursache zurückzuführen ist. Das Gebiet der (links-) rheinischen Pfalz stellte im Hochmittelalter insbesondere von der Herrschaftszeit der staufischen Könige und Kaiser (1138-1254) bis zum Ende des 13. Jahrhunderts gleichsam die Kernlandschaft des römisch-deutschen Reichs, die *maxima vis regni* („größte Kraft des Königreichs“), wie es der zeitgenössische Chronist Otto von Freising nannte, dar. Natürlich darf man sich diese Landschaft nicht als geschlossenen Flächenstaat vorstellen, sondern als Fleckenteppich staufischen Haus- bzw. Eigenguts und dem jeweiligen König zufallenden Reichsguts. Versuche zu einer flächenmäßigen Verdichtung und damit zur Territorialisierung gelangen erst in späterer Zeit, so dass wir in der Pfalz nicht nur die Könige als Besitzer des Reichsguts, sondern auch die Grafen von Saarbrücken, die Grafen von Leiningen, die Pfalzgrafen bei Rhein oder auch das Erzbistum Mainz, das Bistum

Burg Fleckenstein. (Idealisierender) Kupferstich von Daniel Specklin, vor 1589

Worms oder das Bistum Speyer als Inhaber verschiedenster Herrschafts- und Besitzrechte vorfinden – und alle bauten Burgen, obwohl das Befestigungsrecht bis 1221/32 rechtlich allein dem König zustand, oder versuchten zumindest in ihren Besitz zu kommen.

Besondere Beachtung verdient in diesem Zusammenhang zweifellos die Reichsburg Trifels, in deren Nähe sich mehrere Reichsburgen befinden. Hier lagerten von 1125-1298 mehrfach, aber mit Unterbrechungen und wohl auch nicht immer vollständig, der Hort der Reichsinsignien (Herrschaftszeichen des römisch-deutschen Königtums) und der Schatz der Reichskleinodien, hier wurden hochrangige Gefangene inhaftiert. Ohne jeden Zweifel war der Trifels mit den Reichsinsignien bis zum Ende des Interregnums geradezu der Kristallisationspunkt königlicher Macht, was viel spätere Generationen in den eingängigen, aber nicht mittelalterlichen Spruch „Wer den Trifels hat, hat das Reich" kleideten. Verwaltet von den wichtigsten und angesehensten Reichsministerialen, kam der über Annweiler gelegenen Burg eine politische Bedeutung zu, die kaum überschätzt werden kann, dann aber im 14. Jahrhundert schlagartig abbrach. Das Beispiel Trifels veranschaulicht aber auch beispielhaft das problematische Spannungsfeld zwischen wissenschaftlicher Erforschung und landläufiger Volksmeinung und Literatur: Nur mühsam gelingt es den historischen Fakten, die Oberhand zu gewinnen und klar zu stellen, dass die Sage vom Sänger Blondel und Richard Löwenherz eben nur eine belegfreie Sage ist und dass man die Burg bei gerade zwei belegten Aufenthalten in 38 Herrschaftsjahren für Friedrich I. Barbarossa vor seinem lan-

Burgruine Scharfenberg. Lithographie von Karl Knell, um 1830

gen Schlaf im Kyffhäuser nun wohl kaum als Lieblingsaufenthaltsort des Herrschers bezeichnen kann.
Mit dem – noch unzureichend erforschten – Spätmittelalter schwand die politische Bedeutung der Pfalz. Doch darf nach neueren Forschungen gerade deswegen davon ausgegangen werden, dass die Hochzeit des Burgenbaus erst jetzt, insbesondere im 14. Jahrhundert unter Pfalzgraf Ruprecht I. im Herrschaftsbereich der Pfalzgrafschaft bei Rhein, einsetzte. Ein gutes Jahrhundert später sorgten Feuerwaffen dafür, dass die Zeit der mittelalterlichen Wehranlagen ein nicht unvermitteltes, aber doch rasches Ende fand. Nunmehr wurde nicht mehr „gebrandschatzt", also dafür Geld erfolgreich erpresst, dass nicht verbrannt wurde, sondern tatsächlich die Brandfackel geworfen. Wenige Objekte wurden vor oder nach ihrer Zerstörung zu Festungen aus-, ebenso wenige zu Schlössern umgebaut. Fast alle ereilte gemeinsam das Schicksal, während der Kriege der Neuzeit zerstört und schließlich von der Bevölkerung als Steinbruch ausgebeutet zu werden. Wiederaufbauversuche zogen glücklicherweise allein die Kästenburg (das heutige Hambacher Schloss), den Berwartstein und schließlich auch noch den Trifels mehr oder weniger stark in Mitleidenschaft.

Burgruine Trifels, Kapellenturm. Aquarell von Fritz Bamberger, 1834

Betrachtet man die überkommenen pfälzischen Burgen mit den Augen des Bauforschers und Kunsthistorikers, dann fällt auf, dass sich fast ausnahmslos Höhenburgen, dagegen nur sehr selten und dann in unscheinbaren Resten Niederungsburgen erhalten haben. Im südpfälzischen Gebiet wie auch im benachbarten Elsaß überwiegen die so genannten „Felsenburgen", also Höhenburgen, die steil aufragende, meist schmale Sandsteinriffe einnehmen. Der Felsen wird dabei nicht nur zur Überhöhung gebraucht, vielmehr gilt er als mitgestaltendes architektonisches Element der Burg, bietet Schutz, Wohn- und Lagerraum und liefert Baumaterial.
Den topographischen Voraussetzungen angepasst, fallen bei den Felsenburgen zwei Haupttypen auf, ohne dass bei zahlreichen Übergangsformen allerdings allzu scharf abgegrenzt werden sollte: Die ältere Form bevorzugt den frei stehenden Felsen möglichst in Gipfellage – naturgemäß eine seltener vorkommende Form. Der zweite, seit dem 13. Jahrhundert vorkommende Typ lag auf dem Ende eines Bergausläufers in Spornlage. Gegen mögliche Angriffe von der Bergseite wurde ein Halsgraben in den Fels geschlagen und zusätzlich durch eine Schild- oder Mantelmauer oder einen vorgeschobenen

Turm geschützt. Die Burg selbst nahm zunächst im Regelfall nur den über Treppen, Leitern oder auch ausgehauene Gänge zugänglichen Felsen ein und bestand aus wenigen, schmalen und dem Felsverlauf angepassten Gebäuden. In späterer Zeit entstand oft an einer Längsseite, selten um den gesamten Felsen herum eine Unterburg mit Wirtschaftsgebäuden, der manchmal als weitere Sicherung Zwinger mit Ringmauern und Mauertürmen vorgelegt wurden.
Ungeachtet aller dieser grundsätzlichen Erkenntnisse ist es um die detaillierte Erforschung der pfälzischen Burgen bei näherer Betrachtung wie auch in anderen deutschen Burgenregionen trotz einer Fülle von Literatur nicht gerade gut bestellt. Neuere Untersuchungen über ihre Geschichte sind seit den noch immer grundlegenden Werken von Peter Gärtner 1854/55 und besonders von Johann Georg Lehmann von 1857-66 ausgeblieben; für kunsthistorische oder mittelalterarchäologische Fragen muss man sich zumeist mit den vorwiegend vor dem Zweiten Weltkrieg erschienenen Kunstdenkmälerinventaren oder gar mit den noch aus dem 19. Jahrhundert stammenden „Baudenkmalen“ begnügen. Das interdisziplinär angelegte und seit 1999 in zwei lexikalischen und einem Sonderband erschienene „Pfälzische Burgenlexikon“ sieht trotz eines überwältigenden Verkaufserfolgs und exzellenter Aufnahme in der Fachwelt einer ungewissen Zukunft entgegen.
Das vorliegende Buch versteht sich insofern als ein Überblick über den Reichtum der pfälzischen Burgenwelt, festgemacht an 28 repräsentativen Anlagen der Südpfalz. Da Grenzen im modernen Sinn dem Mittelalter fremd waren und der Wanderer gegenwärtig den Übergang von Deutschland nach Frankreich glücklicherweise kaum noch wahrnehmen kann, wurden auch fünf heute schon auf elsässischem Gebiet gelegene Anlagen aufgenommen.
Für die Bearbeitung der einzelnen Objekte ergab sich eine vorteilhafte Arbeitsteilung, getreu den Forschungsschwerpunkten von Herausgeber und Autoren: So übernahm Alexander Thon die Texte zur Geschichte, die Recherche der historischen Abbildungen, den kleineren Teil der Bodenaufnahmen und das Literaturverzeichnis, während Peter Pohlit die Baubeschreibungen mit Ausnahme von Burg Trifels und das Glossar verfasste und Hans Reither den überwiegenden Teil der Boden- und Detailaufnahmen, die Baubeschreibung von Burg Trifels und nicht zuletzt die touristischen Hinweise besorgte. Dass dieses Unterfangen trotz eines sehr engen Zeitrahmens und nicht weniger Imponderabilien erfolgreich zum Abschluss gebracht werden konnte, ist in besonderem Maß ein Ergebnis der jederzeit harmonischen und

Burgruine Berwartstein. Kolorierte Lithographie von Friedrich Hohe, vor 1854

ungestörten Zusammenarbeit von Herausgeber und Autoren, die Manfred Czerwinski für die Anfertigung der Luftaufnahmen und dem Historischen Museum der Pfalz in Speyer, dem Landesmuseum in Mainz und dem Stadtarchiv Landau/Pfalz für die freundliche und unproblematische Zusammenarbeit bei der Ermittlung historischer Bildvorlagen danken möchten.

„... wie eine gebannte, unnahbare Zauberburg steht sie dort hoch über der Straße auf dem abschüssigen Kegel, vielleicht in Jahr und Tag von keinem menschlichen Fuß betreten."

Als August Becker 1857 seinen höchst persönlichen Eindruck von der elsässischen Burg Lützelhardt für sein anfangs kaum beachtetes, um die Wende vom 19. zum 20. Jahrhundert jedoch zu dem pfälzischen Volksbuch gewordenen Werk „Die Pfalz und die Pfälzer" niederschrieb, konnte er nicht ahnen, wie sehr sich eineinhalb Jahrhunderte später die Verhältnisse geändert haben sollten. Und dennoch: Trotz aller Schattenseiten des modernen Tourismus mit den Erfordernissen der Infrastruktur, trotz missglückter Sanierungs- und Rekonstruktionsversuche und ungeachtet beharrlich verschleppter Klischeevorstellungen haben sich die pfälzischen Burgen im Wesentlichen ihre Ursprünglichkeit, ihre Schönheit und ihre Faszination bewahrt. Es gibt noch viel zu entdecken und zu erforschen.

Alexander Thon · Hans Reither · Peter Pohlit

Ansicht von Süden

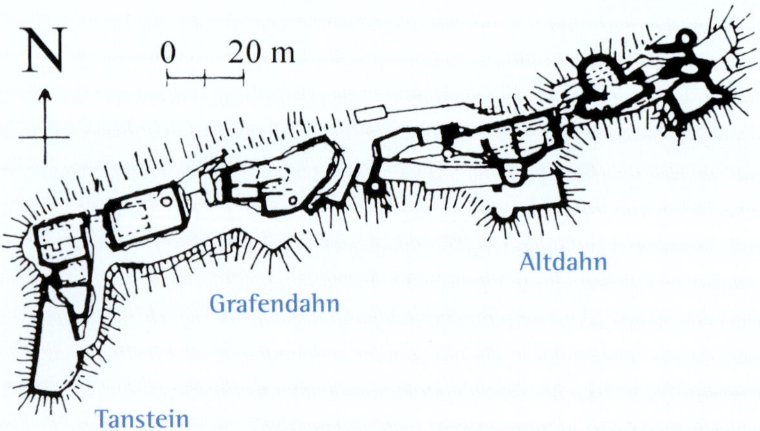

Burgengruppe Altdahn – Grafendahn – Tanstein

Die heute irreführend unter dem Sammelbegriff „Altdahn" oder „Dahner Schlösser" zusammengefasste Gruppe der Dahner Burgen besteht aus den drei unterschiedlichen Befestigungsanlagen Altdahn, Grafendahn und Tanstein. Die seit der Zerstörung durch französische Truppen 1689 in Ruinen liegenden Anlagen erheben sich in Ost-West-Richtung auf fünf nebeneinander stehenden Sandsteinfelsen. In jüngster Zeit im Wesentlichen auf mutmaßlichen Baubefunden fußende Annahmen, dass Tanstein und Altdahn verwechselt worden seien und Tanstein die älteste Anlage sei, bedürfen noch einer eindeutigen Beweisführung. Seit Ende der siebziger Jahre sind umfangreiche Freilegungs- und Restaurierungsmaßnahmen vorgenommen worden.

Altdahn

Das seit 1189 in den Schriftquellen nachweisbare Geschlecht von Dahn besaß zu Beginn des 13. Jahrhunderts enge Beziehungen zum Speyerer Bistum, könnte aber auch der Reichsministerialität entstammen. Burg Altdahn, im Mittelalter lange Zeit üblicherweise schlicht

Tanstein, Grafendahn und Altdahn von Süden. Kolorierte Bleistiftzeichnung eines unbekannten Künstlers, 1837

„Dahn" genannt, ist schon bald als speyerisches Lehen nachgewiesen. Die Anlage blieb trotz mehrfacher Belagerungen, Eroberungen und (Teil-)Zerstörungen im Spätmittelalter im ungestörten Dahner Lehnsbesitz bis zum Aussterben des Geschlechts am Ende des 16. Jahrhunderts.

Die in ihrer Kernanlage wohl aus dem späten 13. Jahrhundert stammende Burg erstreckt sich über zwei schmale, insgesamt etwa 100 Meter lange Felsen. Der heutige Zugang führt an der Nordseite zum mit Wasser gefüllten Halsgraben hinter einer von zwei Halbtürmen eingefassten Schildmauer und zum nördlichen Torturm aus dem 15. oder frühen 16. Jahrhundert. Dessen Außentor mit spätgotisch leicht zugespitztem Bogen ist noch original erhalten, das innere Tor mit gerundetem Bogen sitzt tief in einer Stichbogennische.

Der südliche Burgteil wird ebenfalls von einem hufeisenförmigen, jedoch schwächeren Torturm mit Geschützscharten beherrscht. Hinter dem Turm zieht sich die Felsterrasse als schmaler Hof an der Felswand entlang bis zu einem schildmauerartigen, restaurierten Verteidigungs-

Blick von Südwesten auf Tanstein, Grafendahn und Altdahn

Südlicher Torturm auf Altdahn

werk mit Flankierungsturm, das gegen die Nachbarburg Grafendahn erbaut worden ist.

Der Aufgang zur Oberburg steigt als schmale, durch eine Mauer gedeckte Felstreppe im Schutz des Torturms nach oben, wobei sie den Zugang zu verschiedenen Felskellern mit Verbindungsgängen und schließlich zum Palas und seinen Anbauten ermöglicht. Vom Obergeschoss des in seiner Nordwand heute noch zweigeschossigen Wohngebäudes aus war der schmale Wartturm zugänglich, der nach Ausweis von Erkerresten auch als Aborturm diente. Süd- und Westmauer der Oberburg sind durch einen Felssturz im 19. Jahrhundert zum größten Teil zerstört worden. Dabei ist ein oben offener, nach unten sich konisch erweiternder kreisrunder Hohlraum im Felsen freigelegt worden, der allgemein als Tankzisterne angesprochen wird.

Vom Westfelsen führen schmale Gänge und Treppen hinüber zum Ostfelsen. Dessen isoliert stehender äußerer Teil war nur über eine Brücke erreichbar und trug ehemals einen runden Wartturm.

Burgruine Altdahn von Westen. Sepiazeichnung von Peter Gayer, vor 1836

Grafendahn

Grafendahn wurde auf dem mittleren der fünf Burgfelsen wohl gegen Ende des 13., spätestens in der ersten Hälfte des 14. Jahrhunderts errichtet. Diese Burg beherbergte anfangs eine Burggemeinschaft, wurde aber 1339 als ungeteilter Besitz der Herren von Windstein an Graf Johann II. von Sponheim verkauft; daher der erstmals 1425 belegte Name Grafendahn. Trotz zahlreicher, teilweise gewaltsamer Konflikte mit den benachbarten Dahner Herren und dem Speyerer Bischof als Oberlehnsherren behaupteten die Sponheimer Grafen ihren Lehnsbesitz bis zu ihrem Aussterben 1437. Von den Markgrafen von Baden als Erben ging Grafendahn auf friedlichem Weg an Pfalzgraf Friedrich I. und blieb von da an pfälzisches Eigentum. Unter dem pfälzischen Lehnsträger Hans von Trotha („Hans Trapp") wird die Anlage 1485 bereits als verfallen bezeichnet.

Grafendahn als die kleinste der drei Burgen zeigt Bausubstanz des späten 13. Jahrhunderts auf einem isolierten Felsklotz, der auf der Südsei-

Westlicher Burgfelsen von Tanstein

te übersteht. Von der Unterburg auf zwei schmalen Felsterrassen sind nur noch Felskammern, Viehtränken und ein Brunnenschacht vorhanden. Ein ehemaliger Stall der Unterburg ist wieder aufgebaut worden und dient seit 1987 als Burgmuseum mit interessanten Fundstücken der Dahner Burgen. Auf den Oberburgfelsen, vorbei an einer Wachtstube, führt eine ursprünglich auf halber Höhe unterbrochene Holztreppe. Von der dort ehemals gegen Tanstein gerichteten hohen Schildmauer aus Buckelquadern sind nur noch Reste erhalten, die aber mit einem beträchtlichen Stück noch fast bis zur vollen Höhe emporragen. An sie lehnten sich ein Palas von geringen Ausmaßen und weitere Gebäude an, zwischen denen sich eine 1937 freigelegte Filterzisterne mit Entnahmeschacht befindet. An einem Felsenkeller an der Nordostseite weist eine halbrunde Öffnung im Felsboden auf einen ehemaligen Lastenaufzug hin. Heute verunklären eine moderne Ringmauer und der freiliegende Hof den Gesamteindruck der einstmals dicht bebauten Plattform.

Tanstein

Nach neuerdings aufgekommenen Hypothesen aus dem Befund der Steinbearbeitung soll der auf den beiden westlichen Felsen gelegene Tanstein die älteste Wehranlage der Burgengruppe sein. Dafür fehlen allerdings konkrete Beweise wie auch Belege aus den sehr spärlichen Schriftquellen. Fest steht, dass sich Tanstein ähnlich wie Altdahn als Lehen des Bistums Speyer im Besitz der Herren von Dahn befand, wo er bis 1523 verblieb. Im Zusammenhang mit dem Feldzug der verbündeten Fürsten gegen Franz von Sickingen wurde die Burg belagert, konnte aber durch Übergabe vor der Zerstörung gerettet werden. Erst nach mehr als einem Jahrzehnt erhielten die Erben Heinrichs von Dahn die Anlage zurück. 1551 von kurpfälzischen Truppen besetzt, war die Burg schon wenige Jahre später nicht mehr bewohnt.

Beide früher durch eine Brücke verbundenen Burgfelsen des Tanstein, an dem moderne Brüstungsmauern die Aufgänge stark verändert haben, zeigen kein aufsteigendes Mauerwerk im Originalzustand; lediglich in der Unterburg ist ein Teil des mittelalterlichen, allerdings aus dem 15. Jahrhundert stammenden Mauerwerks erhalten geblieben. Auf die Felsplattform gelangte man früher von einem nördlich angelehnten Gebäude mittels eines Treppengangs in einem ausgehauenen Felsschacht. Die brusthohen Umfassungsmauern sowie der Zisternenrand stammen aus heutiger Zeit und sind willkürlich gesetzt. Gleiches gilt für die Gebäudereste der Unterburg auf der Nordseite. Dort führt eine Treppe zu einer Felskammer, die im späten Mittelalter zugesetzt worden ist.

Der Westfelsen hatte einen eigenen, heute nicht mehr benutzten Burgzugang durch eine Felsbarriere im Westen. Im Gegensatz zur Oberburg haben sich in der ehedem dicht bebauten Unterburg noch Mauerzüge aus dem späten 14. oder dem 15. Jahrhundert sowie Fundamente einer Schmiede oder eines Schmelzofens sowie einer Zisterne erhalten. Balkenlöcher und Abarbeitungen an der Felswand zeigen, dass der Burgfelsen rundum mit Anbauten umstellt war. Die Felsplattform muss von einem wohnturmartigen Gebäude mit Nebenbauten beherrscht worden sein. Davon lässt sich wegen eines ganz in den Fels geschlagenen Kellers mit Filterzisterne eine gute Vorstellung gewinnen. Von einem weiteren Gebäude an der Ostseite sind eine Felskammer und ein Kaminrest in der Felswand zu sehen.

Östlicher Burgfelsen von Altdahn

Ansicht von Südwesten

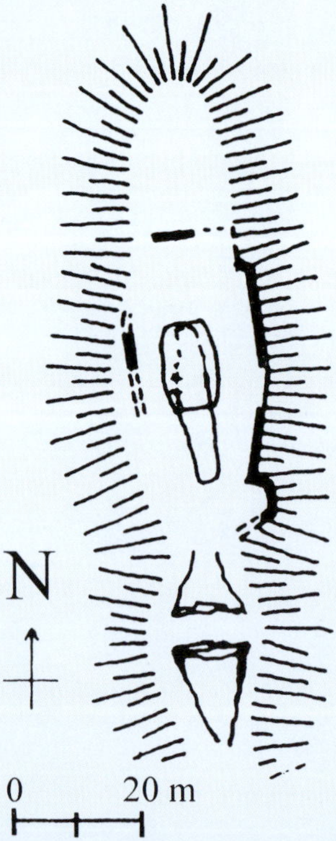

Burg Anebos

Burg Anebos entstand als letzte der drei Burgen über Annweiler. Vertreter eines Reichsministerialengeschlechts von Anebos sind nur für den kurzen Zeitraum vom letzten Jahrzehnt des 12. Jahrhunderts bis etwa 1250 bekannt. Ein Marschall Eberhard von Anebos befand sich 1194 im Gefolge Heinrichs VI. und begleitete den Kaiser auf dessen Italienzug. Eberhards Bruder Heinrich, der sich ebenfalls seit 1194 im kaiserlichen Gefolge nachweisen lässt, bekleidete erstmals 1196 das Marschallamt.

Im 13. Jahrhundert scheint das ohnehin nicht sehr zahlreiche Geschlecht unter Nachwuchsproblemen gelitten zu haben: Neben einem unter den Zeugen einer Urkunde des Deutschen Ordens von 1229 in Akkon im Heiligen Land genannten Bruder Heinrich von Anebos sind mit Elisa von Anebos († 1250/52), Witwe eines Marschalls von Anebos, und ihrer mutmaßlichen Schwester Liudgard († vor 1257) nur noch weibliche Angehörige bekannt.

Burg Anebos wurde 1246 zusammen mit einem Großteil des näheren Reichsgutes und mehreren Reichsburgen von der Ehefrau des Reichstruchsessen Philipp I. von Falkenstein, Isengard, an König Konrad IV. übergeben. Dennoch verfügte Philipp weiterhin über die ihm anvertrauten Reichsbesitzungen und teilte sie widerrechtlich 1266 als gerade ernannter Reichskämmerer unter seine Söhne Philipp II. und Werner. Bei dieser Urkunde, gemäß der Anebos an Philipp II. fiel, handelt es sich um die letzte Nachricht, bevor die Anlage aus den Quellen verschwindet. Ein bisher schon für das 13. Jahrhundert vermuteter Verfall ist jedoch nach Ausweis des Baubefundes wenig wahrscheinlich.

Die Burg nahm mit etwa 60 Metern Länge die gesamte Fläche des eingeebneten Bergplateaus ein. Ein kurzer, in den Fels geschlagener Graben schnitt das Burggelände nach Süden hin ab. Möglicherweise befand sich hier das Eingangstor der Burg mit Zugbrücke. Jüngste Grabungen haben ergeben, dass die Felsplatte an dieser Stelle in mehreren Phasen überbaut gewesen ist. Dabei ist im Versturz am westlichen Berghang ein mächtiger, flacher Buckelquader gefunden worden. Er passt in die Zeit um 1300.

Balkenlöcher am Zentralfelsen geben insbesondere an der Ostseite Hinweise auf ehemals angelehnte Gebäude. Eine Felsgrube an der südlichen Schmalseite ist 2002 freigelegt und als Zisterne erkannt worden. Dahinter zeigt die sich anschließende Felsterrasse deutliche

Rechte Seite: Hauptburgfelsen und Zisterne von Süden

Felsen der Kernburg von Süden. Aquarell von Fritz Bamberger, 1865

Bauspuren und war offenbar Standort eines angelehnten Gebäudes, von dem aus die Felsplattform, die mutmaßlich ein turmartiges Gebäude trug, erreicht werden konnte. Ein umwinkelnder Treppenaufgang führte von einem Felsabsatz ausgehend nach oben.
Aus der stark verstürzten und ihrer Außenschale größtenteils beraubten Ringmauer ragt einige Steinlagen hoch ein trapezförmiger Bau, offenbar ein Flankierungsturm, auf. Seine Innenschale zeigt sorgfältig gesetzte Quader unterschiedlicher Größe. Ansonsten sieht man von der Ringmauer meist nur das Füllmauerwerk und an wenigen Stellen Reste der Außenschale mit hammerrechtem Steinverband und breiten Mörtelfugen, was auf eine späte Entstehung, vielleicht im 14. Jahrhundert, schließen lässt.

Ansicht von Südwesten

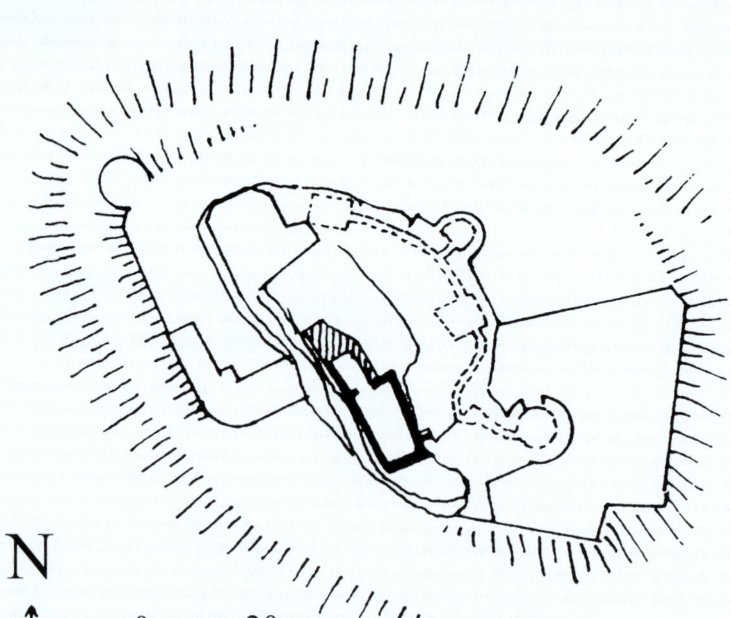

Burg Berwartstein

Die ehemalige Reichsburg Berwartstein wird erstmals im Jahre 1152 erwähnt, als König Friedrich I. die Anlage Bischof Gunther von Speyer als Lehen überschrieb. Seit Beginn des 13. Jahrhunderts sind mit Rudolf (1201) und Walter gen. Knechtelin, der sich als „Herr von Berwartstein" bezeichnete (1256), auch speyerische Ministerialen bekannt.

Wegen angeblichen Landfriedensbruchs durch Eberhard von Berwartstein wurde die Wehranlage 1314 nach fünfwöchiger Belagerung durch Truppen der Städte Straßburg und Hagenau eingenommen. Die Eroberer nahmen die 25 bis 30 Verteidiger gefangen und zerstörten die geplünderte Burg schließlich. Die Kosten für die Auslösung der Gefangenen und den Wiederaufbau zwangen Anselm von Berwartstein 1343 zum Verkauf an die Herren von Weingarten, von denen die Anlage vier Jahre später für 800 Pfund Heller an das Peterstift in Weißenburg kam.

Streitigkeiten um Weiderechte zwischen den von den Weißenburger Äbten zur Burghut eingesetzten Vögten und dem benachbarten Drachenfels eskalierten 1472, als die Eckbrechte von Dürkheim, die den Drachenfels zu dieser Zeit in Besitz hatten, den Berwartstein besetzten. Die Kurfürsten von der Pfalz, die bereits vor diesen Ereignissen das Öffnungsrecht am Berwartstein erworben hatten, erzwangen die Herausgabe, gaben aber die Burg nicht an ihre rechtmäßigen Eigentümer zurück. Kurfürst Philipp I. verlieh und verkaufte den Berwartstein 1480/85 an den thüringischen Ritter Hans von Trotha („Hans Trapp"), der die Befestigungen modernisierte und mit dem runden Geschützturm „Kleinfrankreich" auf dem Nestelberg verstärkte. Trotz aller Bemühungen gelang es den Weißenburger Äbten nicht, den Berwartstein zurück zu erhalten. Von 1545 bis 1637 war die Anlage in der Hand der Herren von Fleckenstein, bis sie, zwischenzeitlich durch Brand beschädigt, wieder an Kurpfalz zurückfiel. Der Berwartstein verdankt sein heutiges, dem ursprünglichen Erscheinungsbild durchaus ähnliches Aussehen weitgehend dem Wiederaufbau, den Theodor Hoffmann gen. von Baginsky von 1893–95 durchführen ließ.

Die ursprüngliche Burg hat im Lauf der Zeit zahlreiche Veränderungen erfahren, die durch den modernen Neubau verdeckt werden oder verschwunden sind. Die erste Burganlage beschränkte sich allein auf den Felsen. Der Laufhorizont am Fuß des Felsens lag höher als heute, wie

Vorrichtungen zum Anschirren von Pferden in ungefähr vier Meter Höhe über dem heutigen Bodenniveau belegen. Auf der Nordostseite des Burgfelsens befindet sich der älteste Eingang in die Burg aus der Gründungszeit in Form einer teilweise natürlichen Felsöffnung mit einem schachtartigen Aufgang. Die beiden unteren Öffnungen dagegen sind wesentlich jünger und stammen aus dem 16. Jahrhundert. Seit der Fertigstellung des spätgotischen Palas an der Westseite des Felsens Ende des 15. Jahrhunderts gibt es dort einen weiteren, noch heute benutzten Zugang in die Burg.
Die Nordseite der Burg wurde in dieser Zeit bis an die Westspitze mit einer bastionierten Vorburg mit fünf halbrunden Türmen befestigt, von der nur noch ein Rundturm mit einem kleinen runden Treppenturm erhalten geblieben ist. Der heute die Unterburg dominierende hufeisenförmige Geschützturm aus dem späten 15. Jahrhundert wurde in neuerer Zeit zu einer Kapelle umgestaltet und in seinem Obergeschoss stark verändert. Er steht mit mehreren Gängen und Kammern im Felsen in Verbindung, deren Besichtigung in die Burgführungen eingeschlossen ist.

Geschützturm und Oberburg von Norden. Sepiazeichnung von Peter Gayer, vor 1836

Wohnbau der Oberburg von Südosten

Durch das neuzeitliche Treppenhaus gelangt man in den „Rittersaal" (Burggaststätte) und zum noch Wasser führenden, 104 Meter tiefen Burgbrunnen im Felsinneren. Über teils noch ursprüngliche Felstreppen führt ein Gang hinauf zur nur acht Meter breiten und etwa dreißig Meter langen Oberburg. Die Außenmauern stammen bis zum zweiten Geschoss noch aus dem 13. Jahrhundert. An den beiden Schmalseiten steigt das Mauerwerk schildmauerartig auf und schließt turmartig mit einem vorkragenden neuzeitlichen Geschoss ab.

Ansicht von Südosten

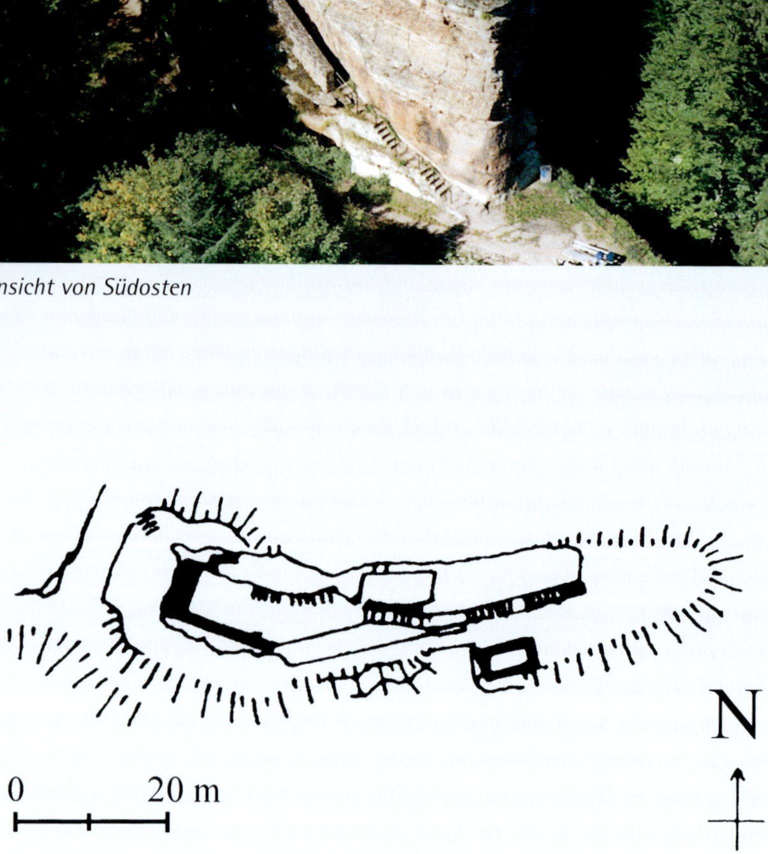

Burg Blumenstein

Burg Blumenstein ist nach derzeitigem Kenntnisstand von einem aus dem nahe Hagenau gelegenen Ort Batzendorf stammenden Edelfreiengeschlecht gegründet worden. Ein Anselm von Batzendorf zu Blumenstein regelte 1332 Streitigkeiten mit der elsässischen Abtei Stürzelbronn. Sein Geschlecht dürfte die Anlage als Eigengut besessen haben, verlor sie jedoch noch vor 1347, als Anselm in Auseinandersetzungen mit der Stadt Hagenau und den Herren von Fleckenstein unterlag und von der Burg vertrieben wurde. Der Blumenstein gehörte in der Folgezeit zu drei Vierteln den Herren von Fleckenstein-Sulz sowie den Grafen von Zweibrücken, denen ein Viertel als Gegenleistung für eine Schutzzusage als Lehen aufgetragen worden war. Nach dem Tod Heinrichs von Fleckenstein-Sulz 1351 fielen seine drei Viertel an Johann von Dahn. Weitere Nachrichten aus mittelalterlicher Zeit fehlen.

Nach einer nicht ganz sicheren Quelle war die Anlage am Ende des 16. Jahrhunderts bereits „ein zerbrochenes Haus". Für den Beginn des 18. Jahrhunderts ist belegt, dass Einwohner der umgebenden Orte ihr Mobiliar auf den Blumenstein geschafft und einen Pförtner zur Aufsicht angestellt hatten. Im 20. Jahrhundert in staatlichen Besitz gekommen, wurden in jüngerer Zeit insbesondere an der so genannten Schildmauer Sanierungsarbeiten vorgenommen.

Die Buckelquader, die sich noch im Originalzustand an der Westseite der Burg befinden, lassen auf eine Erbauung um die Mitte des 13. Jahrhunderts schließen. Nachrichten über Ausbau und Veränderungen fehlen.

Blumenstein ist eine relativ kleine Burg. Sie nimmt fast ausschließlich nur das ungefähr 80 Meter lange, sehr schmale, frei stehende Felsriff an einem der östlichen Hänge des Maimonts ein. Vom Berg wird die Burg durch einen künstlichen Graben getrennt. Nur von dort aus konnte man angreifen, denn auf den drei anderen Seiten fällt das Gelände steil ab. Zur Angriffsseite hin war nur die Schmalseite des Felsens mit der turmartig überhöhten Westwand des Wohnbaus gerichtet. Dahinter verbarg sich die gesamte Oberburg. Raum für die Unterburg war nur sehr begrenzt vorhanden. Sie lag talwärts gerichtet, durch den Felsen geschützt, auf der zu einer Plattform geglätteten Terrasse. Balkenlöcher im Felsen deuten auf Anbauten hin.

Gegen den Halsgraben wurde die Burg möglicherweise durch ein kleines Vorwerk mit Tor gesichert. Der Zugang in die Burg verläuft heute

Schildmauerartig überhöhte Wohnbaumauer von Westen, vor 1895

entlang der Südseite des Felsens und wird durch eine ausgehauene Grube unterbrochen. Dahinter öffnet sich eine tiefe, kellerartige Felskammer, die möglicherweise eine Zisterne war. Von der Unterburg aus steigt der Weg als schmale Felsentreppe mit moderner Brüstung an der Südwand empor. Bevor er die Höhe des ehemaligen Wohnbaus erreicht, wird er von einer künstlich erweiterten Felsspalte mit Torverriegelung unterbrochen. In der Felskammer nebenan befindet sich eine Vertiefung, die offenbar Standort für das Tretrad einer Seilwinde gewesen ist.

Vom ehemaligen Wohnbau ist in Stockwerkshöhe nur noch ein Teil der erneuerten Südwand erhalten. Westlich schloss dieses Gebäude mit einer verstärkten schildmauerartigen Wand ab, von der nur noch etwa ein Drittel der ursprünglichen Höhe mit zudem neu aufgemauerter Innenseite steht. Mit Sicherheit überragte sie das anstoßende Dach des Palas. Der Wohnbau zeigt durchgehend Buckelquader des 13. Jahrhunderts.

Von hier aus führt eine weitere Felstreppe mit moderner Brüstung zum höchsten Teil der Burg mit einer Grundfläche von drei auf fünf

Metern, der wohl nur einen turmartigen Fachwerkbau getragen hat, wie man an den Pfostenlöchern erkennen kann. Im Zentrum des kleinen Plateaus ist eine schachtartige Vertiefung in den Felsen gegraben, die als Zisterne diente.

Aufgang zur Oberburg am Südteil des Burgfelsens

Ansicht von Südosten

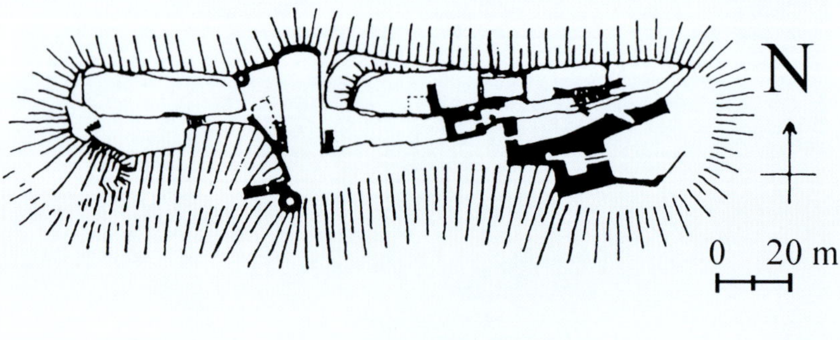

Burg Drachenfels

Mit einer Gesamtlänge von nahezu 200 Metern erstreckt sich Burg Drachenfels über zwei frei stehende, schmale und senkrecht aufsteigende Felsriffe. Die Anfänge der Burg sind völlig ungeklärt. Spärliche Schriftquellen, die erstmals für die Zeit um 1245 einen Walter von Drachenfels erwähnen, und das archäologische Fundmaterial weisen übereinstimmend in die Zeit nicht vor der Mitte des 13. Jahrhunderts. Urkunden vom Ende dieses Jahrhunderts bezeugen Streitigkeiten der Vettern Rudolf und Anselm von Drachenfels mit dem Bischof von Worms, die 1288 beigelegt wurden. Von diesen Rittern stammt das älteste Siegel, das einen Drachen in einem Spitzschild zeigt.

1314 erlitten die Brüder Berthold, Anselm und Rudolf von Drachenfels im Verlauf der fünfwöchigen Belagerung des benachbarten Berwartsteins durch die Städte Hagenau und Straßburg schwere Schäden auf ihren Besitzungen. Möglicherweise waren diese Ereignisse die Ursache für weitere Spannungen in der Folgezeit. Unter dem Vorwurf der Straßenräuberei zogen 1335 straßburgische Truppen vor die Burg

Ansicht von Süden. Aquarell von Fritz Bamberger, 1864

Ostaufgang zum östlichen Burgteil

und zwangen die Besatzung zur Übergabe. Wohl in Folge dieser Ereignisse veräußerten die Brüder Eberhard und Anselm von Drachenfels ihre bisherige Stammburg 1344 mit allen Besitzungen an Graf Walram II. von Zweibrücken, der die Anlage Pfalzgraf Ruprecht I. zu Lehen auftrug.

Bis 1398 gelang es den Eckbrechten von Dürkheim als Afterlehnsträgern, die gesamte Anlage in ihren (Lehns-)Besitz zu bringen. Um den baulichen Unterhalt gewährleisten zu können, entschloss sich Heinrich Eckbrecht von Dürkheim, Gemeiner aufzunehmen – 1406 ist ein erster Burgfrieden der Burggemeinschaft belegt.

1463 gründete die oberrheinische Reichsritterschaft die „Heilig-Geist-Gesellschaft" und bestimmte als Versammlungsort den Drachenfels. Da Franz von Sickingen seit 1510 nicht nur Hauptmann der dortigen Gemeiner, sondern auch führendes Mitglied der Standesorganisation war, wurde die Anlage in die „Sickingische Fehde" von 1522/23 ver-

Oberster Burgfelsen des östlichen Burgteils von Osten

wickelt. Am 10. Mai 1523 zogen drei Fähnlein Landsknechte und 300 Berittene nebst Artillerie vor die Burg, die nach kampfloser Übergabe am nächsten Tag geplündert, in Brand gesteckt und geschleift wurde. Die Ruine diente in der Folgezeit als günstige Bezugsquelle von Werksteinen. 1784 beschlossene Wiederaufbaupläne unterblieben nach Ausweis des Baubefundes. Seit 1990 führt das Landesamt für Denkmalpflege umfangreiche Erhaltungs- und Ausgrabungsarbeiten durch, die sich auf Toranlage und Unterburg konzentrieren.

Östlicher Burgteil

Zahlreiche künstliche Gänge, Treppen und Kammern weist vor allem der östliche Burgfelsen auf, der die erste Burganlage trug. Selbst der ehemalige Turm auf der obersten Plattform ist tatsächlich ein bearbeiteter Felsklotz und war rundum mit Mauern oder Fachwerk verkleidet. Die wenigen vorhandenen Mauerzüge auf der nahezu komplett abgeräumten, ehedem aber vollständig – wohl mit Fachwerkbauten – besetzten Oberburg erlauben kaum Rückschlüsse auf ihre Entstehungszeit.

Von der Unterburg stehen dagegen noch drei relativ gut erhaltene Türme sowie Reste von Gebäuden und Mauern. Mit Sicherheit hat die erste Burganlage sich auf den östlichen Burgfelsen beschränkt, wobei der Aufgang damals nur über die westliche Treppe hinter einem an den Fels angelehnten Turm mit Durchgang im Untergeschoss erfolgte. Der heutige Torturm scheint jünger zu sein, obwohl die verwendeten Buckelquader denen des anderen Turms ähneln. 1903 sind die Bögen der beiden herausgebrochenen Portale als Rundbögen ergänzt worden. Um die Wende zum 16. Jahrhundert besaß die Burg ihre größte Ausdehnung. Der östliche Teil des Ostfelsens hatte unterdessen einen eigenen Aufgang erhalten und war mit einer Anzahl von Gebäuden und Felsgemächern bebaut worden. In der Unterburg stand nun ein mehrstöckiges Wohnhaus, an das sich andere Gebäude anschlossen.

Heute erreicht man vom Parkplatz aus zunächst den Torturm mit den Resten einer kleinen Zwingeranlage. Der durch zurückspringende Gesimse gegliederte Turm besteht durchweg aus Buckelquadern mit Zangenlöchern und zeigt zahlreiche Steinmetzzeichen. Die Torhalle besaß anstelle der modernen Treppe wohl eine Reitertreppe bis hinauf in den Hof der Unterburg. Dort zeigen sich die ausgegrabenen Reste von zwei großen, durch einen kleinen Hof voneinander getrennten Gebäuden, deren Keller noch erhalten sind. Über dem Kellereingang des westlich gelegenen Baus ist die Jahreszahl 1515 in gotischen Minuskeln eingeschlagen, im Keller des östlichen Gebäudes befindet sich der zugeschüttete Burgbrunnen. Der Verbindungsweg entlang des Felsfußes war an mehreren Stellen durch Türen abgesperrt und verlief wahrscheinlich innerhalb der Gebäude. An Felskammern vorüber, abwinkelnd und teilweise durch den Felsen hindurch steigt eine schmale Felstreppe zum Fuß des Aufsatzfelsens hinauf. Von dort erlaubt eine Stahltreppe den Zugang zur höchsten Plattform mit einer Zisterne im Felsboden.

Der westliche Aufgang führt im Schutz des Turms von der Unterburg hinauf, bis er verschiedene Felsgemächer mit teilweise eingestürzten Decken erreicht. In einer Nische ist noch gut die Führung für eine Geschützlafette zu erkennen.

Ritzzeichnung eines Drachen im Grabenbereich zwischen westlichem und östlichem Burgteil

Westlicher Burgteil

Auf dem westlichen Burgfelsen außerhalb des alten Burgbereichs entstand um die Wende zum 16. Jahrhundert gleichsam eine zweite Burg. Der untere vordere Bereich am Felsfuß erhielt einen eigenen Zugang am alten Burgweg mit Tor (heute abgegangen) und Flankierungsturm mit Maulscharten. Der alte Halsgraben zwischen Ost- und Westfels wurde mit einem mehrgeschossigen Gebäude, von dem sich nur Balkenlöcher erhalten haben, überbaut und nach außen mit einer halbrunden Mauer geschlossen. Dabei wurde die ältere Ritzzeichnung eines Drachens an der Grabenwand durch zwei Balkenlöcher teilweise zerstört.
Der eigentliche Burgfelsen besitzt eine kleine Unterburg an der Südwand, wo ein unterbrochener Aufgang mit Wachstube im Fels auf die Plattform zur Oberburg abzweigt. Der heute unzugängliche, ursprünglich vollkommen bebaute Felsen zeigt auf seiner Oberfläche kein aufgehendes Mauerwerk mehr.

Ansicht von Südosten

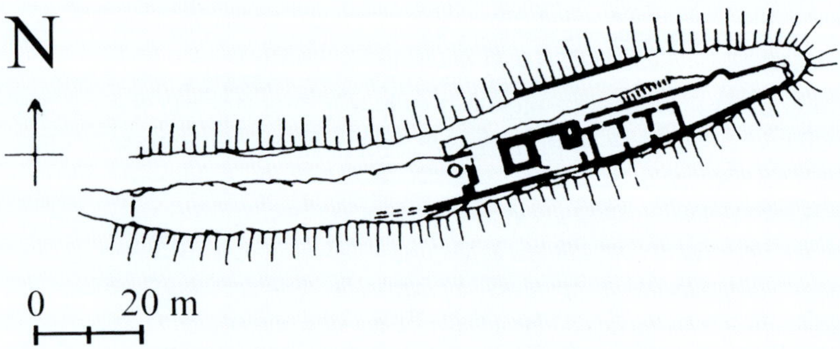

Falkenburg

Der Zeitpunkt der Gründung der Falkenburg ist völlig unklar. Erstmalig erwähnt wird sie als Reichsburg im September 1246 im Rahmen der Übergabe mehrerer Burgen und der Reichskleinodien durch Isengard von Falkenstein, Frau des Reichstruchsessen Philipp I. von Falkenstein, an König Konrad IV. Bis gegen 1300 befand sich die Anlage unter der Verwaltung von Reichsministerialen, von denen allerdings lediglich ein 1290 bereits verstorbener Werner samt Brüdern bekannt ist.
1330 verpfändete Kaiser Ludwig der Bayer die Falkenburg zusammen mit anderen Reichsburgen und -gütern für die hohe Summe von 6.000 Mark Silber an die Pfalzgrafen bei Rhein. Innerhalb der folgenden Jahrzehnte gelang es den Raugrafen (1364/75) und den Grafen von Leiningen, sich Zutritt und Rechte auf der Burg zu verschaffen. Während die Raugrafen aber schon bald nicht mehr nachweisbar sind, konnten die Leininger ihre Ansprüche erfolgreich aufrecht erhalten. Daran änderte auch eine Anweisung Kaiser Karls IV. von 1378 nicht, der Kurfürst Ruprecht I. von der Pfalz bevollmächtigte, die Reichsburgen Guttenberg und Falkenburg mit umliegenden Dörfern von Graf Emich V. von Leiningen wieder auszulösen. Zwischen den Pfalzgrafen, die diese Lösesumme wohl niemals vollständig abgeleistet haben, und den Leininger Grafen entwickelte sich eine durch Burgfrieden geregelte Gemeinherrschaft auf der Burg, wobei beide Parteien ihre Anteile an Afterlehnsträger weiterverpfändeten. 1427 wurde die Burg durch Bausachverständige vermessen und detailliert beschrieben, so dass ein recht genaues Bild ihres damaligen Aussehens gezeichnet werden kann. Aus der Zeit um 1593 haben sich Burginventare erhalten, die Zeugnis von der Burgausstattung geben. Dabei wird deutlich, dass es sich bei der Falkenburg nur noch um einen Verwaltungssitz handelte, der veraltet und waffentechnisch nicht auf der Höhe seiner Zeit war. 1689 wurde die Anlage von französischen Truppen erobert und bei ihrem Rückzug im selben Jahr gesprengt. Steine der Ruine fanden beim Bau des am Fuße des Burgberges gelegenen, heute völlig verschwundenen Schlosses Neu-Falkenburg Verwendung.
Die Falkenburg liegt als geradezu idealtypische Felsenburg auf einem lang gestreckten, bis zu 20 Meter hohen, aber nur 12 Meter breiten Sandsteinriff. Hinter einem künstlichen Torgraben stand ein heute nur noch in Spuren erhaltener Torturm. Die Ringmauer der Unterburg zog

Aufgangssituation zur Oberburg von Südosten

sich auf dieser Felsseite auf einer schmalen Bergterrasse entlang und endete im Süden an einem turmartigen, separaten Felsklotz. Zu sehen sind Viehtränken, die Aufgänge zu einer Felsterrasse und zahlreiche Bauspuren am senkrecht abstürzenden Felsen, an den mindestens ein Haus mit drei Stockwerken angelehnt war. Dieses Gebäude reichte ursprünglich bis unter die überhängende Felsplatte und besaß im Innern eine Treppe als Aufgang zur Oberburg und einen Zugang zum Brunnenschacht.
Die moderne Treppe zur Oberburg ist 1926 erbaut, jedoch wiederholt erneuert worden. Zuvor gelangte man über eine auf einer Felsterrasse zwischen Burgfelsen und der spätmittelalterlichen Vorburg platzierten Leiter auf die Felsschmalseite. Der Zugang in die Oberburg stammt aus der Anfangsphase der Burg. Beim Bau ist ein Stück des überstehenden Felsens derart verändert worden, dass auf einem Absatz eine Pforte errichtet werden konnte, hinter der ein gemauerter Gang an einer kleinen Pförtnerloge mit Auslugöffnung vorbei hinauf führt und

Eingangspforte zur Oberburg von der Innenseite

in einer Felstreppe im rechten Winkel nach oben die Plattform durchstößt. Die Pforte hatte nur einen Torflügel und konnte auch von außen verschlossen werden.

Außer verschiedenen, in den Fels geschlagenen Ausschrotungen der Keller und dem Anfang einer Schneckenstiege ist von den Gebäuden auf dem Felsen nichts mehr zu sehen. Vom Turm ist noch der Felssockel neben dem Aufgang mit angrenzender Zisterne zu erkennen.

Ansicht von Nordwesten

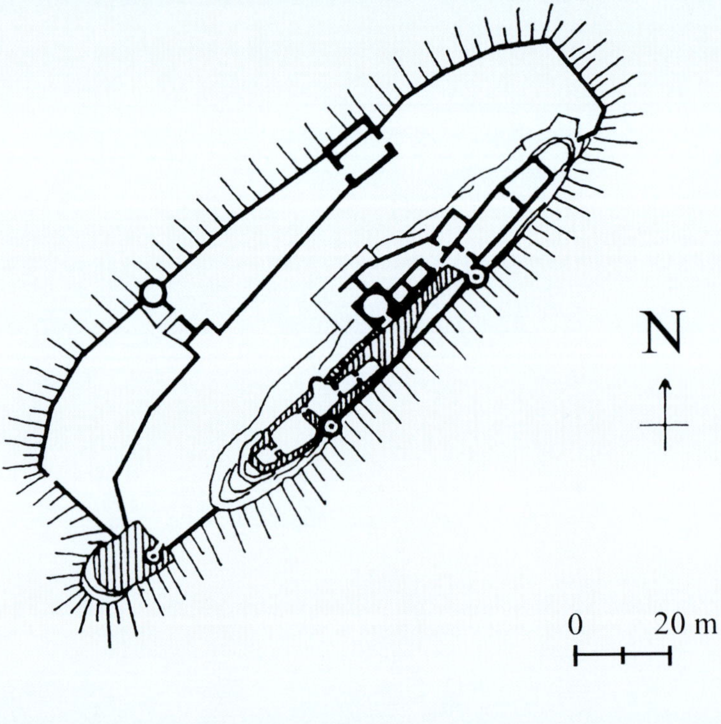

Burg Fleckenstein

Erstmals 1174 wird mit Gottfried von Fleckenstein ein Reichsministeriale erwähnt, der auf das Vorhandensein einer Burganlage eindeutig schließen lässt. Die Reichsministerialen und späteren Herren von Fleckenstein spielten von Anfang an eine bedeutende Rolle im Nordelsaß und in der Südpfalz. Ihr rascher Aufstieg erfuhr 1276 eine kurze Unterbrechung, als König Rudolf von Habsburg einen „Herrn von Fleckenstein" wegen der Gefangensetzung eines Speyerer Bischofs belagern ließ. Ob aus dieser Aussage der Basler Annalen auf eine Belagerung des Fleckensteins geschlossen werden kann, lässt sich nicht klären. Im Gegensatz zu anderen Gütern blieb die Burg jedoch als Reichslehen im Besitz der Fleckensteiner.

Erst unter der Herrschaft König Adolfs von Nassau besserte sich das Verhältnis zwischen den Reichsministerialen und dem Königtum, woran auch zahlreiche Streitigkeiten mit den Städten Straßburg und Hagenau nichts änderten. Vor 1347 gelang es den Fleckensteinern, die nahe gelegene Burg Blumenstein zu besetzen und den Burgherrn Anselm von Blumenstein zu vertreiben.

Ansicht von Nordwesten. Aquarellierte Federzeichnung aus dem 18. Jahrhundert nach einem Gobelin von 1562

Aufgang zur Oberburg

Trotz einiger Rückschläge hielt der wirtschaftliche Aufstieg der Familie bis zum 15. Jahrhundert an. Der Fleckenstein beherbergte das in verschiedene Linien aufgespaltene Geschlecht und wurde damit zu einer Ganerbenburg. Ein Niedergang deutet sich erst mit dem Ende des 15. Jahrhunderts an, als mit Friedrich von Fleckenstein, Herrn zu Madenburg und Freiherr zu Dagstuhl, genannt der Blödsinnige, eine Seitenlinie in finanzielle Bedrängnis geriet. Obwohl die Fleckensteiner bis zur Mitte des 16. Jahrhunderts hohe Amtsträger in Hagenau und Germersheim stellten, war der wirtschaftliche und politische Höhepunkt überschritten. In die Burg, die noch im 15. Jahrhundert modernisiert worden war, wurde nun offensichtlich nichts mehr investiert. 1547 war weder die Wache besetzt noch die Burgkaplanei mit einem Priester versehen.

Bis zum Ende des 17. Jahrhunderts scheint der Fleckenstein von Kriegswirren unbeschadet geblieben zu sein. Eine immer wieder behauptete Besetzung durch französische Truppen im Jahr 1674 hat in der Tat nicht stattgefunden. Die Tatsache aber, dass wenige Jahre später, 1680, nach bis dahin ungestörter Abfolge die in der Burgkapelle abgehaltenen Gottesdienste abrupt abbrechen, könnte auf

eine Zerstörung zu Beginn dieses Jahres schließen lassen. Von einer Zerstörung 1689 ist dagegen nichts bekannt.
Nach dem Aussterben der Fleckensteiner im Jahre 1720 wurde die Ruine während der Französischen Revolution als Nationaleigentum eingezogen, versteigert und ging schließlich 1870 in Staatsbesitz über. Von 1959–62 und zuletzt 1993 fanden in der Burg Grabungen und umfangreiche Freilegungen statt. In neuester Zeit ist der Treppenturm wieder zugänglich gemacht worden und dient wie ehedem der Verbindung zur Plattform.
Burg Fleckenstein umfasst ein frei stehendes, etwa vierzig Meter hohes und mehr als einhundert Meter langes Felsriff auf einer relativ niedrigen Geländeerhebung im Südosten von Hirschthal. Der Umfang der ersten Burg beschränkte sich auf diesen Felsen und dessen Plattform, die auf der östlichen Nordseite durch einen Felsenaufgang erreicht werden konnte. Als kennzeichnend für eine typische Felsenburg gilt die Lage der Unterburg auf der Nordseite, die den Felsen als bequemen Flankenschutz nutzte.
Die äußerste Zwingeranlage ist abgegangen. Der Burgweg führt direkt an das früher durch einen Graben abgetrennte Torhaus des 16. Jahrhunderts. Der heute weitläufige Burghof war ehedem mit Wirtschaftsgebäuden bebaut, wie die vorhandenen Mauerreste bestätigen. Eine Rampe mit zahlreichen Wasserrinnen steigt zum höher gelegenen Westteil der Unterburg hinauf. Von hier aus bietet sich der beste Blick

Blick auf den Nordostteil der Oberburg mit Felsenkeller und Palasrest

auf die gewaltige, senkrecht abstürzende Masse des Hauptfelsens mit zahlreichen Ausschrotungen ehemaliger Gebäude. Auch der einstige Standort der St. Jakobskapelle über dem Burgmuseum ist deutlich erkennbar sowie die Felspforte der ersten Burganlage. Befestigungsringe eines ehemaligen Pferdestalls an der Felswand zeigen das Bodenniveau des ersten, höher gelegenen und kleinen Burghofs an. Im heutigen Hof steht die interessante Nachbildung eines mittelalterlichen Baukrans mit Tretrad und frei stehendem Galgenausleger. Der ursprünglich mit dem Hauptfelsen verbundene Westteil, absichtlich abgetrennt und zu einer Art Wohnturm umgestaltet, präsentiert sich heute als isoliert stehender Fels im Burghof.
Der Zugang in die Kernburg führt durch ein im Spätmittelalter errichtetes Sperrwerk mit mehreren Gräben, Brücken und Toren zum Brunnen auf die Höhe des einstigen Kapellenvorplatzes. Der Brunnen selbst befindet sich in einem an den Fels angelehnten Turm mit einer Aufzugswinde für die oberen Bereiche der Burg. Von hier aus setzt sich der alte Weg vom heutigen Burgmuseum als steile Treppe außen an der Felswand weiter fort, ehe er gegenüber dem Brunnenturm wieder in den Felsen einmündet. Unter der Treppe zeigt sich der Eingang in ein weiträumiges Felsgelass, das als Rittersaal bezeichnet wird.
Die zweite Möglichkeit, auf die Plattform zu gelangen, verläuft über die außen und zwischen den Türmen gelegene Galerie und neuerdings wieder über den an den Fels angelehnten viereckigen Treppenturm. Nach einem Wandteppich aus der Mitte des 16. Jahrhunderts befanden sich am Brunnenturm eine Uhr und am Treppenturm ein Lastenaufzug. Neben diesem war ein weiterer, heute vollständig verschwundener Turm von der Treppengalerie aus an den Felsen gebaut, der die Gebäude auf der Felsplattform überragte.
Von den ursprünglich mehrstöckigen, aneinander stoßenden Gebäuden auf der etwa acht Meter breiten Felsplattform, die nach Ausweis von Ständerspuren größtenteils in Fachwerk ausgeführt waren, steht noch ein hoch aufragender Mauerrest des Palas aus dem 15. Jahrhundert. Ansonsten weisen nur noch die schachtartigen Keller und eine Anzahl von Felskammern auf die ehemalige Bebauung hin. Östlich der Felsmitte überquert man einen Graben aus dem 13. Jahrhundert. Zu erkennen sind weiterhin noch die Felsfundamente eines abgerissenen quadratischen Bergfrieds. Der Entnahmeschacht einer Zisterne ist in jüngster Zeit freigelegt worden.

Treppenturm von Südwesten

Ansicht von Westen

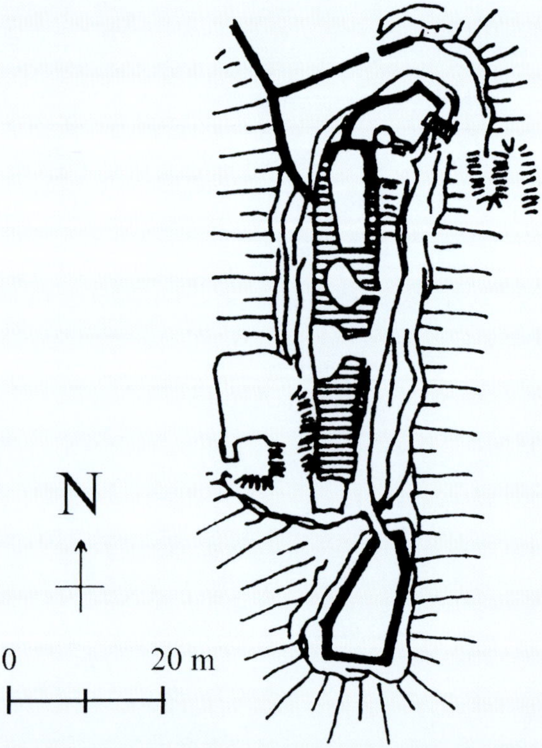

Frönsburg

Auch für die Frönsburg sind nähere Angaben zur Gründungszeit unmöglich. Mit Eberhard von Frönsburg wird erstmals 1235 ein Angehöriger eines Geschlechts von Frönsburg/Freundsberg in einer Urkunde Abt Kunos von Weißenburg erwähnt.

In der Mitte des 14. Jahrhunderts beherbergte die Burganlage eine im Wesentlichen aus drei Parteien bestehende Burggemeinschaft, zu der durch Einheirat mit Frönsburger Töchtern Reinhard Hofwart von Sickingen und Siegfried Lymelzun von Löwenstein gehörten. Insbesondere Reinhard nutzte die Frönsburg in der Folgezeit als Ausgangspunkt für Raubzüge und Überfälle auf Reisende. Nach einem besonders schwerwiegenden Übergriff auf Bürger der Reichsstadt Weil zog 1348 der Reichsvikar für das Elsaß und den Speyergau, Johann von Lichtenberg, auf Beschluss der Landfriedensrichter mit einem militärischen Aufgebot der umliegenden Herren und Städte des Landfriedensbundes vor die Frönsburg und eroberte sie binnen kurzer Zeit. Nach längeren, teils gewaltsamen Auseinandersetzungen verkaufte Reinhard seinen Anteil schließlich 1350 dem Landfrieden für 1.400 kleine Gulden, während die Frönsburger Familie ihre Anteile 1358/89 Pfalzgraf Ruprecht I. zu Lehen auftrug. 1436 übertrug Pfalzgraf Ludwig V. die Anlage an Heinrich Mauchenheimer, bereits 1445 aber auch anwartschaftlich Heinrich von Fleckenstein. Es ist völlig offen, wann es den Fleckensteinern gelang, die Frönsburg ganz in ihren Besitz zu bringen. Ein nach Ausweis einer Inschrift von 1485 (?) am Burgtor des vordersten Burgfelsens stattgefundener Um- oder Wiederaufbau dürfte auf ihre Initiative zurückgehen.

Nach einer gründlichen Zerstörung durch französische Truppen unter Montclar 1677 wurde die Frönsburg nach dem Aussterben der Fleckensteiner 1720 schließlich als pfälzisches Lehen eingezogen und kam im Zuge einer Grenzregulierung zwischen Bayern und Frankreich 1826 zum französischen Staatswald Lembach.

Die Frönsburg kann als Musterbeispiel für die in der späten Stauferzeit bevorzugten Wehrbauten in Spornlage angesehen werden. Die spärlichen Reste aufgehenden Mauerwerks stammen aber wohl alle aus dem 14. und 15. Jahrhundert. Die Burg gliedert sich in mehrere Zonen. Das vom Berg abgetrennte, mehr als 70 Meter lange, steil hochragende Felsriff war an der kaum zehn Meter breiten Schmalseite durch einen später zunächst erweiterten, dann überbauten Hals-

Blick vom südlichen Burgteil mit Tor auf die Oberburg

graben gesichert. An der Grabenseite wird der Fels zudem durch eine halbgerundete spätmittelalterliche Stützmauer ummantelt, die den Zugang zum Brunnen schützte.

Der mittelalterliche Zugang zur Kernburg scheint wie heute als Pfad auf den nordöstlichen Felsabsatz geführt zu haben und von dort über eine hölzerne Brückenanlage zum inneren Burgtor, an dessen Torschwelle heute eine moderne Leiter befestigt ist. Die Kernburg beeindruckt durch ihre gewaltige Felsmasse mit übereinander liegenden, aus dem Gestein herausgeschlagenen und jetzt offenen Kammern. Gut zu erkennen sind die beiden ehemals in Gebäuden liegenden und mit Unterbrechungen versehenen Felstreppen zur Oberburg. Der nördliche Aufgang, der durch eine Wächterstube führt, kann seit 2002 mittels einer neuen Stahltreppe wieder benutzt werden.

Die Oberburg bot nur wenig Platz und war von wenigstens zwei Häusern überbaut. Das nördliche nahm die Südwand des Felsturms in sich

Nordteil der Oberburg mit Felsenkammer des Aufgangs

auf und zog sich, kaum fünf Meter breit, über mehr als zwei Drittel der Plattform hin. Eine noch vorhandene schmale Tür führte in das zweite, wohl in Fachwerk ausgeführte Gebäude, von dem nichts mehr erhalten ist. Der als Turm benutzte Felskopf ist völlig leergeräumt. Man sieht aber noch den aus dem Fels herausgeschlagenen Fundamentansatz der Außenwand mit Resten von Schießscharten.
Am östlichen Felsabsatz des Hauptfelsens erblickt man den fast isoliert stehenden südlichen Felsturm, zu welchem an einem einst überbauten Zisternenschacht vorbei eine Brücke führt. Auch dieser Südfelsen war bis an die Kanten turmartig überbaut. Seine spitzbogige Eingangspforte trägt die Jahreszahl 148? (wohl 1485). Außer dieser Pforte, einer nischenartigen Felskammer und dem angeschlossenen Mauerzug hat sich nichts mehr erhalten.

Ansicht von Nordwesten

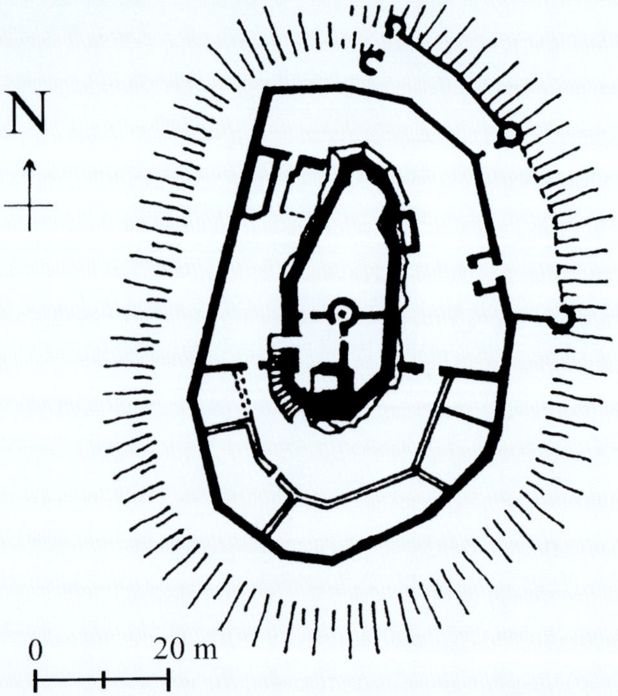

Burg Gräfenstein

Burgruine Gräfenstein bietet ein nahezu idealtypisches Bild einer hoch- und spätmittelalterlichen Burganlage. Erstmals wird die Burg 1237 in einer leiningischen Teilungsurkunde als *castrum Grebinstein* ausdrücklich erwähnt. Wehranlage und Herrschaft gelangten bei der Teilung in den Besitz der älteren Linie der Grafen von Leiningen, die nach 1250 die südlich gelegene, weitläufige Unterburg erbauen ließen.

Die Leininger Grafen übertrugen die Verwaltung von Burg und zugehörigem Gebiet einem Beamten, der als „Viztum" („Statthalter anstelle des Herren") bezeichnet wurde und seinen Amtssitz auf der Burg hatte. 1317 übernahm mit den Grafen von Leiningen-Dagsburg eine Seitenlinie des Grafengeschlechts die Burg, das zunehmend finanzielle Probleme bekam. 1367 war Friedrich V. von Leiningen-Dagsburg gezwungen, sieben Achtel von Anlage und Herrschaft an Kurfürst Ruprecht I. von der Pfalz zu verkaufen.

Doch ebenso wie die Grafen von Leiningen betrachtete auch Kurpfalz die Burg vorwiegend als verwert- und verpfändbare Immobilie, bis der Gräfenstein schließlich 1421 durch Heirat an die Grafen von Leiningen-Hardenburg gelangte. Obwohl dieser leiningische Familienzweig, der bis 1535 die Herrschaft inne hatte, die nördliche Unterburg sowie die Zwinger- und Toranlagen erweitern und verstärken ließ, gelang dem elsässischen Kolbenhaufen 1525 im Bauernkrieg eine fast widerstandslose Eroberung und Zerstörung. Zehn Jahre später gelangte die Burg gegen die Zahlung von 9.000 Gulden in die Hand Pfalzgraf Ruprechts von Zweibrücken-Veldenz, der mit einem prächtigen Wiederaufbau begann. Nach seinem Ableben 1544 wurden jedoch der gesamte Hausrat nach Lauterecken verbracht und die leer geräumte Burg und das Amt erneut von Beamten verwaltet. Aber auch Mittelpunkt des seit 1560/70 markgräflich badischen Amts sollte der Gräfenstein nicht mehr lange bleiben, denn 1635 wurde die Burg während des Dreißigjährigen Krieges ein Opfer der Flammen. 1909/10 wurde der langsam, aber stetig voranschreitende Zerfall des im Volksmund nun „Merzalber Schloss" genannten Anwesens durch erste Instandsetzungsarbeiten unterbrochen, denen 1936/37 und 1978–86 weitere Restaurierungen und Sanierungen folgten.

Die vorhandene Burganlage ist in vier Bauphasen entstanden, von denen die beiden ersten zeitlich dicht aufeinander folgten. Die ältes-

Ansicht von Süden

ten Teile liegen auf der eingeebneten Plattform eines isolierten Felsklotzes und stammen den Baumerkmalen nach aus der ersten Hälfte des 13. Jahrhunderts. Die südliche Unterburg scheint gegen Ende desselben Jahrhunderts entstanden zu sein, während die nördliche Unterburg mit dem Torturm erst im 15. Jahrhundert folgte. Damals wurden die beiden Aborterker am Palas durch den Aborttturm ersetzt. Mitte des 16. Jahrhunderts entstanden die Zwingeranlagen zum besseren Schutz des inneren Tors; außerdem wurde der Palas ausgebaut und mit einem Treppenturm versehen. Die romanischen, wohl gedoppelten Fenster ersetzte man durch große Rechteckfenster.

Der Burgweg führt zunächst an die spätmittelalterliche Zwingeranlage. Vom abgegangenen äußeren Tor ist nur noch ein Gewänderest vorhanden. Der Eingang wird von zwei kleinen Rundtürmen mit Schießscharten für Handfeuerwaffen flankiert. Im sich anschließenden Torweg hat sich der originale Steinplattenbelag mit den Fahrrillen für Fuhrwerke erhalten. Der Zwinger war durch weitere Tore gesperrt, die Außenmauer mit Flankierungstürmen versehen. Gut erhaltene Schlüs-

Abortturm und Oberburg von Nordosten. Sepiazeichnung von Peter Gayer, vor 1836

sellochscharten lassen sich auch an der auf der Mauerkrone restaurierten südlichen Abschlussmauer des Zwingers erkennen, dazu eine kleine Ausfallpforte.

Durch einen Torturm aus dem 15. Jahrhundert gelangt man in die nördliche Unterburg. Der Turm ist in die Ringmauer aus derselben Bauzeit eingebunden und zeigt mit seinen Buckelquadern an der Außenschale nachempfundene staufische Baugesinnung. Erhalten geblieben ist nur das innere Tor mit einem hohen gotischen Spitzbogen; die gesamte Vorderseite fehlt. Beherrscht wird dieser nördliche Bereich von dem hohen Abortturm, der sich an den Felsen anlehnt und bis an die Dachkante des Palas hinauf reicht. Am Turmfuß ist die Ausflussöffnung mit Rinne zu sehen. Die beiden Türen zu den Aborten sind vom Palas aus noch zugänglich. Vor der Erbauung des Turms befanden sich dort an der Außenwand zwei Aborterker.

Die südliche Unterburg mit sorgfältigem Mauerwerk aus glatten Quadern legt sich im regelmäßigen Halbbogen um die Südspitze des Burgfelsens und setzt sich auf der Westseite bis an die Nordspitze des

Felsens fort. Großzügige zweigeschossige Wohn- und Wirtschaftsgebäude, die sich an die Ringmauer anlehnten, zeigen regelmäßig angelegte Wohnräume mit Sitznischen und kleinen Spitzbogenfenstern im Obergeschoss sowie vier Kamine und sechs Aborterker. Im Erdgeschoss durchbrechen dagegen lange Bogenscharten die Mauer. Von den hofseitigen Mauern und Zwischenwänden sind kaum mehr als Fundamentspuren erkennbar. Zwei Tore mit romanischen Rundbögen schließen die Unterburg im Osten und im Nordwesten ab.
Der Zugang zur im Wesentlichen nur aus Palas, Bergfried und einem spätmittelalterlichen Treppenturm bestehenden Oberburg besteht heute aus einer modernen Treppe anstelle einer früheren Holztreppe. Das Tor selbst ist verschwunden. Zwischen Palas und Turm befindet sich ein winziger Hof. Wände und Fenster des zweistöckigen, die ganze Oberburg beherrschenden Palas sind stark restauriert worden, zeigen teilweise aber noch ihre schönen romanischen Außenbögen mit

Schießscharten im Südteil der Unterburg

profilierten Rundstäben. Die Außenschale verkleiden ausschließlich Buckelquader. Nach Norden zu verengt sich der Bau zu einer fast spornartigen Spitze und erhebt sich dort mit Schutzfunktion über die beiden Geschosse hinaus. Die Südseite der Oberburg ist ebenfalls überhöht worden. Wie ein Schutzwall umgibt dort den Bergfried eine völlig öffnungslose, mehrfach umknickende starke Mantelmauer. Eigentümlich ist die selten vorkommende siebeneckige Form des Turms, dessen ebenerdiger Eingang erst später eingebrochen worden ist.

Zisterne am nördlichen Felsfuß der Oberburg

Ansicht von Südwesten

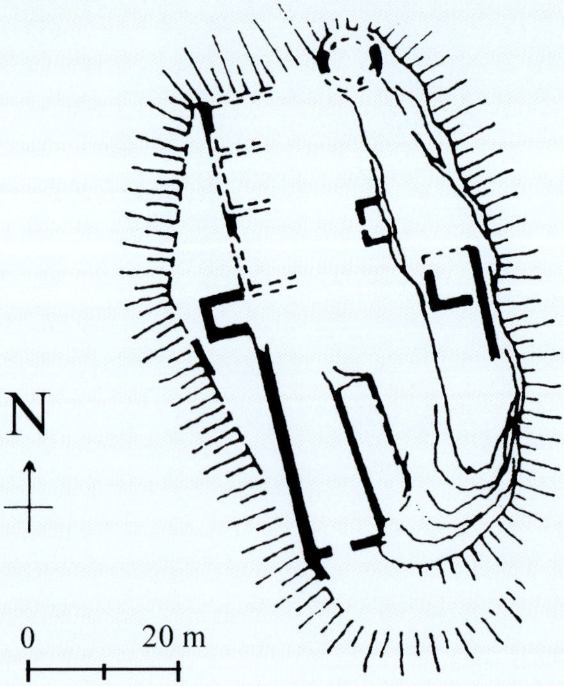

Burg Guttenberg

Ob der in der Manessischen Liederhandschrift angeführte Minnesänger Ulrich von Guttenberg zur pfälzischen Burg Guttenberg gehört, ist bis heute umstritten und nicht eindeutig zu belegen. Als sicherer Erstbeleg wird erst eine Nennung in der Mitte des 13. Jahrhunderts gelten können. 1246 fiel Guttenberg unter die Reichsburgen, die Isengard von Falkenstein in Vertretung ihres Ehemannes, des Reichstruchsessen Philipp I. von Falkenstein, an König Konrad IV. übergab. Um 1250 kam die Burg in den Besitz der Herren von Fleckenstein. Allerdings zog König Rudolf von Habsburg die Anlage als ehemaliges Reichslehen 1283 ein, verpfändete sie vor 1292 aber an die Grafen von Leiningen.

Nach König Rudolfs Tod 1292 fiel die Anlage nach kurzzeitigen Streitigkeiten an Graf Friedrich IV. von Leiningen. 1330 verpfändete Kaiser Ludwig der Bayer neben zahlreichen anderen Objekten auch Guttenberg an seine Neffen Rudolf II. und Ruprecht I., Pfalzgrafen bei Rhein. Allerdings konnten die Pfalzgrafen die Pfandschaftssumme offensichtlich nicht aufbringen, so dass sich an den Herrschaftsverhältnissen faktisch nichts änderte. Erst nach Verhängung der Acht über Emich V. von Leiningen 1379 wegen einer Fehde mit dem elsässischen Zehnstädtebund fielen seine Herrschaftsrechte an Burg Guttenberg an Kurpfalz, wurden aber als Afterlehen wiederum an Leiningen ausgegeben. Von nun an befand sich die Anlage im gemeinsamen Besitz von Kurpfalz und Leiningen, was schließlich in der Mitte des 15. Jahrhunderts mit der Verdrängung der Leininger endete.

Bis zur Zerstörung der Burg im Bauernkrieg 1525 durch lothringische Bauern blieb Guttenberg als Gemeinherrschaft im Besitz von Kurpfalz und Pfalz-Zweibrücken; danach wurden Herrschaftssitz und Hochgericht nach Dörrenbach verlegt. Nach dem Zweiten Weltkrieg lag Burgruine Guttenberg in dem von Frankreich beanspruchten Mundatwaldgebiet und wurde erst 1985 an das Land Rheinland-Pfalz zurückgegeben. Von 1989–95 durchgeführte Konservierungsmaßnahmen ohne wissenschaftliche Untersuchung haben das Aussehen der Mauerreste stark verändert.

Die wenigen noch vorhandenen Stilmerkmale lassen die uns überlieferten Bauteile der Burg auf dem Felsen in das späte 13. Jahrhundert datieren. Eher dem 15. oder gar dem 16. Jahrhundert scheinen die Mauern der Unterburg anzugehören. Das trifft vor allem auf die heute

Lithographie von Jacques Rothmüller, vor 1839

gänzlich abgegangene äußere Toranlage zu, von der im 19. Jahrhundert noch die Reste von zwei Toren zu sehen waren. Anfang des 15. Jahrhunderts muss der Baubestand nach Ausweis eines Teilungsvertrages von 1427 recht umfangreich gewesen sein. Genannt werden ein Haus auf dem südlichen Felsteil, eine Zisterne auf dem Felsen, ein großes unterkellertes Steinhaus in der Unterburg, ein Backhaus und eine Scheune am Tor. Im nördlichen Burgbereich gab es danach neben einem mittleren Turm einen neuen sowie ein älteres Haus in der Unterburg, ein Gefängnis, dazu Ställe und eine weitere Zisterne. 1515 wird die Burgkapelle erwähnt, deren Lage sich nicht mehr bestimmen lässt.

Dem etwa 60 Meter langen und nur wenige Meter breiten frei stehenden Felsriff von Guttenberg war auf der Westseite auf der eingeebneten Bergterrasse die Unterburg vorgelegt. Die sie umgebende Ringmauer verlief im Rechteck und wurde durch einen vorgesetzten Rechteckturm als Flankenschutz gesichert. Das innere Burgtor als letz-

Ansicht des heutigen ersten Burgtors von Süden

ter Rest des spätmittelalterlichen Torzwingers ist unter dem später restaurierten Entlastungsbogen herausgebrochen worden und war, wie aus dem spätmittelalterlichen Mauerwerk zu folgern ist, wahrscheinlich spitzbogig. Den heute geräumigen Hof der Unterburg darf man sich als einst eng bebaut vorstellen.

Der Aufgang zur Oberburg verläuft heute wie wohl auch ursprünglich als schmaler Weg mit Felsstufen an der Längswand des Burgfelsens und stößt auf den Stumpf des noch einzig erhaltenen von ehemals drei Türmen auf der Plattform. Auch dieser ist stark restauriert worden. Historisch sind von der Buckelquaderverkleidung nur die untersten Steinlagen, die der Form nach in das späte 13. oder gar frühe 14. Jahrhundert passen. Von mutmaßlichen Wohnbauten auf dem Felsen hat sich nichts erhalten.

Ansicht von Südosten

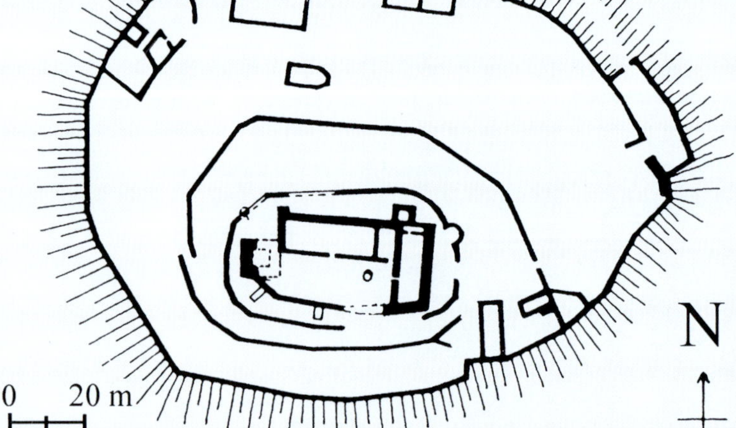

Hambacher Schloss – Kästenburg – Maxburg

In das weitläufige Areal einer seit dem Ende des 9. Jahrhunderts bestehenden spätkarolingischen Fluchtburg wurde spätestens am Ende des 11. Jahrhunderts eine neue Befestigung gebaut, deren heutige Reste unter drei verschiedenen Namen bekannt sind: Kästenburg, Maxburg und Hambacher Schloss. Über die Frühzeit der zunächst Kästenburg (Kastanienburg) genannten Befestigungsanlage ist wenig bekannt. Sicher ist nur, dass Bischof Johann von Speyer (1090–1104) zwischen 1090 und 1104 die Burg dem Speyerer Domkapitel übergeben hat, das bis zur Franzosenzeit Eigentümer der Kästenburg blieb. Die umfangreiche Anlage galt im hohen, zeitweise auch im späten Mittelalter als eine der wichtigsten Burgen des Bistums Speyer. Unter den Ministerialen, die sie verwalteten, finden sich prominente Namen wie etwa Burkhard und Trushard von Kästenburg, die von 1154 bis 1201 urkundlich nachweisbar sind. Besonders im 13./14. Jahrhundert wurden zahlreiche Gebäude und starke Fortifikationen im Burggelände neu errichtet, denen die Bischöfe Nikolaus I. und Matthias Ramung noch Ende des 14. und in der zweiten Hälfte des 15. Jahrhunderts

Burgruine Kästenburg. Stahlstich nach einem Ölgemälde von Heinrich Jakob Fried, gestochen von M[ ] Storz, vor 1844

weitere Bauten hinzufügten. Dennoch sank die Bedeutung der Kästenburg stetig, was nicht zuletzt mit der Errichtung der neuen Anlage Marientraut/Hanhofen zusammenhing und auch bedingte, dass seit 1477 zunehmend Bewohner von Hambach mit der Burghut betraut wurden.
Während des Bauernkrieges 1525 besetzte und plünderte der Nußdorfer Bauernhaufe die Kästenburg, doch blieb der obere Teil der Anlage offensichtlich von größeren Zerstörungen verschont. Die wiederhergestellte Anlage erlitt erst 27 Jahre später schwere Schäden, als sie von Truppen Markgraf Albrechts Alkibiades von Brandenburg erobert und ausgebrannt wurde. Nach dieser Zerstörung veranlasste Bischof Markward von Speyer lediglich eine notdürftige Wiederherstellung der Wohngebäude als Sitz eines bischöflichen Försters. Während des Pfälzischen Erbfolgekrieges zerstörten französische Soldaten 1688 die mittlerweile vollkommen verlassenen Gebäude. 1793 fiel als letztes Bauwerk die wiederhergestellte Burgkapelle den Revolutionskriegen zum Opfer.
Im 19. Jahrhundert wurde die Ruine zu einem Platz für politische Kundgebungen: 1814 feierten deutsche Patrioten den ersten Jahrestag der Völkerschlacht bei Leipzig, 1831 Neustädter Bürger den Jahrestag der französischen Julirevolution. Am 27. Mai 1832 fand in der Ruine schließlich die als „Hambacher Fest" bekannt gewordene Kundgebung statt, die dem Hambacher Schloss den Beinamen „Wiege der deutschen Demokratie" eingetragen hat. Dennoch oder vielleicht gerade deswegen schenkten 1842 königstreue Pfälzer die Burgruine dem bayerischen Kronprinzen Maximilian, der die eigentlich noch recht gut erhaltene Anlage nach Plänen des Architekten August von Voit 1845/46 zu einem Schloss – daher „Maxburg" – ausbauen lassen wollte. Voit nahm vorhandene Details und Motive auf, veränderte aber Öffnungen und Bekrönungen willkürlich, bevor das Bauvorhaben aus Geldmangel eingestellt wurde. Der von Jacob Buhl im Vorgriff abgebildete Endzustand wurde tatsächlich nie erreicht.
Ausgedehnte Aufräumungsarbeiten fanden schließlich erst 1955 statt, ab 1968 kamen die Palasgebäude unter Dach und erhielten verglaste Fenster. Heute befinden sich in den Räumen der beiden Palasflügel eine Gedenkstätte und ein Dokumentationszentrum zum „Hambacher Fest". Mithin sieht der heutige Besucher des Hambacher Schlosses eine dreifache Bauruine vor sich.
Die Gesamtanlage der weithin sichtbaren und die Bergkuppe bekrönenden Burg- oder besser Schlossruine wird von drei umfangreichen

Zwingertürme im Nordwestteil der äußeren Ringmauer

Ringmauern umschlossen, von denen sich die äußere mit rechteckigen Mauertürmen großteils noch gut erhalten hat. Dieser äußere Mauerring gehört zu den ältesten Teilen der Burg und zeigt an seinem Eingang Quader des 11. Jahrhunderts. Aufräumarbeiten 1956 und Grabungen 1966 haben ergeben, dass im Norden und Westen vor der Ringmauer, hinter der zudem eine karolingisch-ottonische Fliehburg vermutet wird, ein Steinwall aus Trockenmauerwerk im Boden steckt. Der Steinwall verlief ungefähr wie der heutige Mauerzug und hatte zwei Eingänge. An die Innenseite der äußeren Ringmauer waren Nebengebäude und Ställe angelehnt. Hier stand auch die Burgkapelle.

Aborterker am ehemaligen Bergfried

Erst im 14. oder im frühen 15. Jahrhundert scheinen die beiden inneren Zwinger angelegt worden zu sein. Von der mittleren und inneren Ringmauer ist nichts mehr übrig geblieben mit Ausnahme weniger

Maxburg. (Idealisierender) Stahlstich, gezeichnet von einem unbekannten Künstler, gestochen von Jacob L. Buhl, vor 1855

Mauerspuren und des unteren Teils eines halbrunden Flankierungsturms aus dem 15. Jahrhundert. Das Tor zur Kernburg befand sich auf der Südostseite zwischen beiden Ringmauern und führte zur Schildmauer, durch die man früher in den Burghof gelangte.

Die Überreste der eigentlichen Burg mit Schildmauer („Hoher Mantel"), Bergfried und Palas kommen den Stilmerkmalen nach aus dem 13. Jahrhundert, während der Nordflügel wohl im späten 13. oder möglicherweise wie der Aborttturm erst im frühen 14. Jahrhundert errichtet wurde. Der „Hohe Mantel" stößt als südlicher Abschluss des Burghofs winklig an die Westwand des wahrscheinlich schon im Mittelalter abgebrochenen Bergfrieds. Die unteren Buckelquaderlagen des querrechteckigen Palas stammen noch aus dem 13. Jahrhundert, die des Nordflügels aus etwas späterer Zeit. Die gleichmäßige gotische Durchfensterung ist von Voit willkürlich vollzogen worden. Am Ostflügel des Palas sind an beiden Seiten die neuen Bauteile gelungen in das vorhandene Buckelquadermauerwerk eingebunden worden. Der geplante zweigeschossige Bau mit Speisesaal an der Südostecke ist nur bis zu einem romanisch nachempfundenen Joch ausgeführt worden.

Ansicht von Südwesten

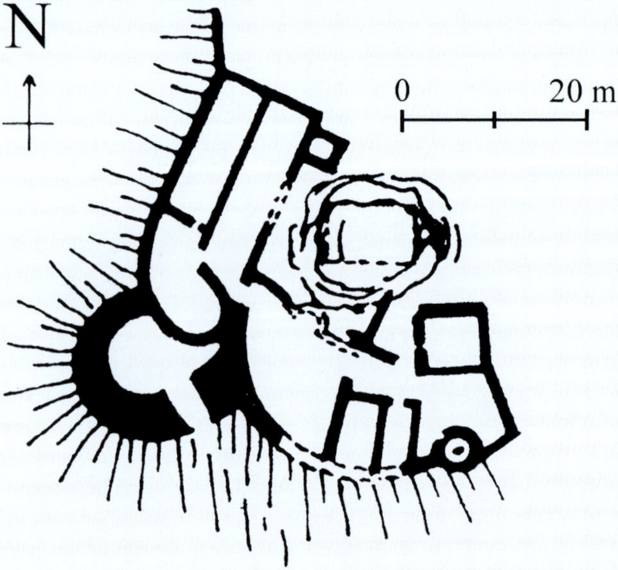

Hohenburg

Die Gründungszeit der bereits auf elsässischer Seite gelegenen Hohenburg dürfte spätestens in die zweite Hälfte des 13. Jahrhunderts zu setzen sein. Der erste mutmaßliche Vertreter einer Hohenburger Familie, der als „Puller" (von Apulien) auftrat, war Gottfried Puller. Er versah 1236 für Kaiser Friedrich II. in Italien militärische Dienste und dürfte auf diese Weise zu seinem Beinamen gekommen sein.

Der Name Hohenburg selbst ist erstmalig 1262 belegt, als Konrad und Heinrich von Hohenburg Lehnsbesitz an den Speyerer Bischof Heinrich II. überschrieben. Konrad gilt allgemein als der Minnesänger „Püller" der Manessischen Liederhandschrift. Das 14. Jahrhundert zeigt die Familie von Hohenburg in Lehnsbindungen zum Königtum, aber auch zu den Grafen von Zweibrücken und von Veldenz und sogar zu den Erzbischöfen von Köln. Die Bindung an die Pfalzgrafen gewann zunehmend an Bedeutung, als Wirich I. seinen Anteil an der Stammburg Hohenburg Ruprecht I. öffnete und nach Wirichs Tod seine Witwe Vye (= Sophie?) von Wasigenstein schließlich 1389 die gesamte Anlage dem pfälzischen Kurfürsten überschrieb. Kurz zuvor war die Burg von straßburgischen Truppen als Quartier benutzt worden, als 1386 der benachbarte Löwenstein belagert und schließlich auch erobert worden war. Ruprecht III. verlieh 1401 Konrad Puller von Hohenburg die Burganlage samt Zubehörden.

Ihre Hochzeit erlebte die Hohenburger Familie unter Wirich II., der 1434 die Hohenburg samt Zubehör seiner Ehefrau Jutta von Schöneck als Wittum verschrieb. Nach seinem Tod beschwor der jüngere Sohn Richard einen Konflikt mit dem Pfälzer Kurfürsten herauf, der schließlich mit der Einnahme der Kleeburg, des Löwensteins, des Nieder-Wasigensteins und auch der Hohenburg endete. Nachdem Richard 1482 in Zürich unter dem Vorwurf der Sodomie verbrannt worden war, fiel der Nachlass der Hohenburger im Erbgang zum größeren Teil mit der Hohenburg an Schweikard/Swicker VIII. von Sickingen, der 1475 eine Schwester Richards geehelicht hatte.

Um 1504 begann der Sohn Schweikards, Franz von Sickingen, mit einem groß angelegten Ausbau der Burg, die ihm seit 1522 allein gehörte. In den Auseinandersetzungen des Jahres 1523 gelang den verbündeten Truppen Kurfürst Ludwigs V. von der Pfalz, Erzbischof Richards von Trier und Landgraf Philipps I. von Hessen die kampflose

Ansicht von Osten

Einnahme der Hohenburg. Nachdem die sickingische Familie 1542 ihre Güter zurück erhalten hatte, begann Franz Konrad mit einem Wiederaufbau bzw. Umbau, der noch nach seinem Tod um 1578 nicht abgeschlossen war. Sein Sohn Friedrich begründete eine eigene Linie Sickingen-Hohenburg, die jedoch schon zu Anfang des 17. Jahrhunderts nach Vorderösterreich umzog und ihre Residenz faktisch aufgab. Die nun bedeutungslos gewordene Hohenburg wurde im 30jährigen Krieg durch schwedische Truppen beschädigt und endgültig 1680 durch die Franzosen unter Montclar zerstört. Besitzansprüche der Familie Sickingen-Hohenburg gegen die Reunionskammerbeschlüsse scheiterten letztmals 1834/36.

Der heutige Burgweg führt an der mit qualitätvollen Buckelquadern des 13. Jahrhunderts ausgestatteten Außenmauer der Kernanlage vo-

Burghof mit Aufgang zum obersten Burgfelsen, vor 1918

rüber und stößt direkt auf den hufeisenförmigen, wohl nicht ganz fertig gestellten Geschützturm des 16. Jahrhunderts mit zwei Geschützscharten. An der teilweise abgefallenen Außenschale des Turms hat sich ein Wappenstein der Sickinger erhalten. Nach Durchschreiten einer Barbakane aus dem 15. Jahrhundert, die später verändert wurde, hat man die geglättete und heute restlos abgeräumte Felsplattform vor dem Haupttor erreicht. Rillen, Pfosten- und Balkenlöcher zeugen von ehemaligen Stallungen, wohl aus dem 15. Jahrhundert.
Das Haupttor aus dem 16. Jahrhundert zählt zu den schönsten Renaissanceportalen des Elsaß, ist allerdings nach starken Beschädigungen fehlerhaft wiederhergestellt worden. Die pilasterartigen Torgewände sind mit Pflanzenornamenten und menschlichen Figuren geschmückt, darunter mit einem die lange Nase zeigenden Narren. Im

elliptischen Torbogen sitzt ein Wappenschild der Sickinger mit den fünf Kugeln.

Die Kernburg zeigt in einem relativ kleinen Burghof Gebäude unterschiedlicher Zeitstellung, wobei die ältesten noch erkennbaren Bauteile aus der ersten Hälfte des 13. Jahrhunderts stammen. Auf der geglätteten Felsterrasse unterhalb des Felsturms stand ehemals ein zum Teil in die abgewinkelte Ringmauer integriertes Gebäude, das wahrscheinlich als Palas diente. Von ihm haben sich Reste des Blendbogens an der später veränderten südlichen Außenwand und sorgfältig gearbeitetes Buckelquadermauerwerk aus dem 13. Jahrhundert auf der Ostseite erhalten.

Ein weiteres schönes Renaissanceportal und der untere Teil einer Treppe mit profilierter gewundener Treppenwange finden sich am Ende des kleinen Burghofs in den Resten eines einsturzgefährdeten Treppenturms mit der Jahreszahl 1578 und dem Familienwappen

Rekonstruiertes Eingangstor zur Kernburg mit Wappen der Familie von Sickingen

Ansicht von Nordosten

Sickingen-Andlau. Von weiteren Wohnbauten, die sich an die Ringmauer innen angelehnt hatten, sind nur noch niedrige Mauerzüge vorhanden.

Als wohl ältester Teil dominiert ein frei stehender Felsklotz den gesamten Komplex der Hohenburg. Im Mittelalter bot dieser Fels, der zum größten Teil von Mauern verkleidet und auf der heutigen Plattform überbaut war, den Anblick eines gewaltigen Turms. Der Hauptaufgang erfolgt über eine in den Felssockel geschlagene Rampe, die teilweise innerhalb der ehemaligen Verkleidung des Felsens verläuft. In den Felssockel selbst sind ein heute verschütteter Brunnen und eine Felsenkammer gemeißelt worden. Ebenfalls aus dem Fels gehauen, lehnte sich in seinem Untergeschoss gegen die nördliche Umfassungsmauer ein größeres Gebäude, das bis zum Ende der 60er Jahre des 20. Jahrhunderts noch zahlreiche Wappensteine, Türstürze und Plastiken von kunsthistorischem Wert barg. Das meiste davon ist leider zwischenzeitlich entwendet worden.

Ansicht von Südosten

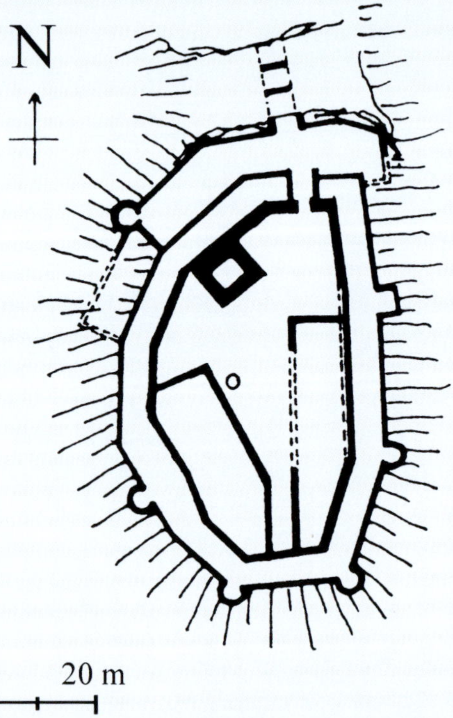

Burg Landeck

Wie bei fast allen pfälzischen Burgen ist auch bei Burg Landeck das genaue Gründungsjahr unbekannt. Allgemein wird angenommen, dass die Burg als Nachfolgerin für die nahe gelegene, wohl in der zweiten Hälfte des 12. Jahrhunderts zerstörte Turmburg Schlössel errichtet wurde. Beide Burgen besaßen wahrscheinlich eine Schutzfunktion für das nahe gelegene Kloster Klingenmünster.

Tatsächlich erwähnt und damit sicher belegt wird Landeck allerdings erst 1237 anlässlich der Teilung der Leininger Güter zwischen Friedrich III. und Emich IV. von Leiningen. In dieser Teilung fiel die Burg mit allen Zubehörden als Reichslehen an Emich IV., der eine eigene Linie von Leiningen-Landeck begründete. Als diese Seitenlinie jedoch schon 1289 ausstarb, verlieh König Rudolf von Habsburg das an die Krone zurückgefallene Reichslehen 1290 zur Hälfte an den elsässischen Landvogt Otto von Ochsenstein. Die anderen, in Leininger Besitz befindlichen Teile Landecks gingen an die Grafen von Zweibrücken-Bitsch über. Seit der Mitte des 14. Jahrhunderts versuchten die Pfalzgrafen, ihre Hand auf die Burg zu legen. Dies gelang 1358/66, als die Grafen von Zweibrücken-Bitsch und Otto von Ochsenstein ihren Anteil dem Kurfürsten Ruprecht I. von der Pfalz öffneten. Darüber hinaus erhielt Ruprecht die Hälfte des Zweibrücker Anteils als Pfand. 1485 gelang es den Pfalzgrafen, auch die Hälfte des Ochsensteiner Lehens in ihren Besitz zu bringen; den Rest erhielten die Bischöfe von Speyer. Um 1500 besaß die Burg einen kurpfälzischen, einen bischöflich-speyerischen und einen gräflich zweibrückischen Amtmann.

Obwohl Landeck im 15. Jahrhunderts ausgebaut wurde, erlitt sie im Bauernkrieg 1525 Schäden, die aber offensichtlich umgehend behoben wurden. 1570 änderten sich die Besitzverhältnisse erneut, denn nach dem Erlöschen der Zweibrücken-Bitscher Linie fiel dieser Anteil an Kurpfalz. Doch erst 1709, nach der zwischenzeitlichen Zerstörung der Burg durch französische Truppen 1689, hatten die Kurfürsten ihr Ziel eines ungeteilten Besitzes von Burg Landeck erreicht, als das Bistum Speyer das ihm verbliebene Viertel durch Tausch aufgab. Kurpfalz blieb bis zur Französischen Revolution Alleinbesitzer der Burg.

Um die Jahrhundertwende zum 20. Jahrhundert, vor allem aber seit den sechziger Jahren wurden umfangreiche Sicherungs- und Sanierungsarbeiten durchgeführt.

Torturm, Schildmauer und Bergfried von Nordosten

Burg Landeck besticht durch architektonische Einheit und Funktionalität. Vom Berg durch einen tiefen künstlichen Graben abgetrennt, steht die Burg in Spornlage auf felsigem Untergrund. Die vorhandenen Bauteile sind nicht früher als in das erste Viertel des 13. Jahrhunderts einzuordnen, als die Kernburg mit Bergfried und Ringmauer entstand.
Das Brückentor war mit einer eigenen Verteidigungsanlage, einem heute nach Restaurierung kaum noch erkennbaren Brückenturm vom Ende des 13. Jahrhunderts, ausgestattet. Die moderne Brücke aus dem Jahr 1967 liegt noch auf den beiden originalen Bückenpfeilern auf. Der weitere Torweg führt heute durch eine spätmittelalterliche Barbakane an das Haupttor heran. Dieses sitzt, vor Geschossen geschützt, in einer Nische und zeigt profilierte romanische Gewände.
Beeindruckend wirkt die völlig geschlossene, durch einen Sockel abgesetzte Schildmauer in Form eines Hohen Mantels, die durchweg in sorgfältig kissenförmig behauenen und vorzüglich gesetzten Buckelquadern ausgeführt worden ist. Verschiedene Steinmetzzeichen sind

eingeschlagen und auch Rüstlöcher zur Aufnahme der Balken für die freitragenden Baugerüste.
Hinter dem Tor öffnet sich ein heute weiträumiger, ursprünglich nur vor dem Bergfried freier Hof, in dem sich eine Filterzisterne befindet. Von den beiden Wohnbauten sind im Hof die Grundmauern noch zu erkennen. Der westliche Bau, das „steinerne“ Haus, wurde wohl unter den Herren von Ochsenstein und Grafen von Zweibrücken am Ende des 13. oder Anfang des 14. Jahrhunderts errichtet. Es steigt mit seiner Außenwand noch bis ins zweite Geschoss auf und besaß zweigeteilte, teilweise ausgebrochene Rechteckfenster mit Seitenbänken. Auf der Ostseite des Hofs befand sich das zumindest im Obergeschoss in Fachwerkbauweise ausgeführte „beumin“ Haus aus dem späten 14. oder frühen 15. Jahrhundert, von dessen Außenwand nur noch ein Rest in Brüstungshöhe erhalten geblieben ist. 1421 wurde der Raum zwischen den beiden Gebäuden an der Südmauer durch einen Querbau geschlossen. Dieses Bauwerk, das mittlerweile eine Toilettenan-

Ansicht von Nordosten. Sepiazeichnung von Peter Gayer, vor 1836

lage aufnimmt, zeigt nur noch die Außenwand und einen schmalen Mauergang zu einer Pforte.

Das architektonische Schmuckstück aber ist der noch fast bis zur vollen Höhe von 25 Metern aufragende, ganz mit Buckelquadern ver-

Hofseite des Bergfrieds mit hoch gelegenem Eingang

Linke Seite: Östliche Schalentürme der äußeren Ringmauer

kleidete Bergfried, der zur Angriffsseite hin übereck steht. Sein ursprünglicher Eingang liegt in etwa 12 Metern Höhe auf der Hofseite. Heute gelangt man über die Ringmauer in das Obergeschoss des Turms, wo sich ein kleines Burgmuseum befindet, und über Holztreppen auf die Plattform. Der ehemals von einem Ziegeldach überwölbte Zinnenkranz war bis ins 19. Jahrhundert hinein teilweise noch mit einem Mauerzug geschlossen.

Die dem Geländeverlauf angepasste Ringmauer der Kernburg erlaubte mit ihren stumpfen Winkeln nur eingeschränkte Übersicht im Falle eines Angriffs. Durch die Anlage eines umlaufenden Zwingers mit Halbschalen-Flankierungstürmen nach 1416 wurde diesem Missstand Abhilfe geschaffen. Mauer und Türme mit Schlüssellochschießscharten für Armbrustschützen zeigen unregelmäßige Steinlagen und waren einst verputzt.

Ansicht von Süden

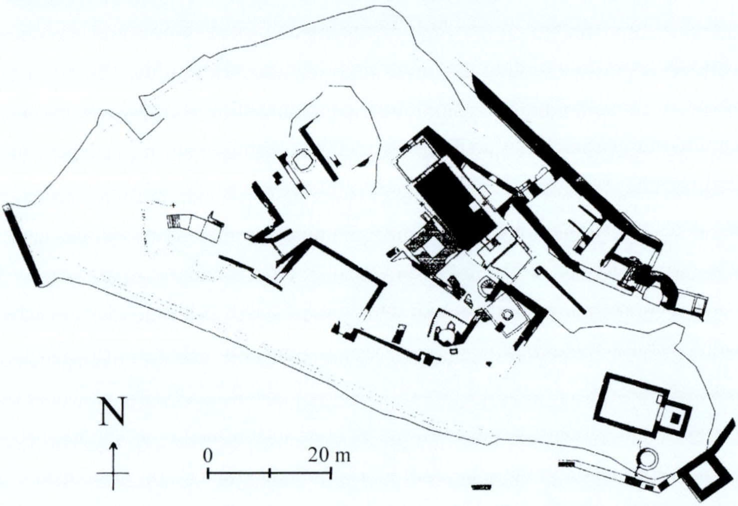

Burg Lemberg

Burg Lemberg bietet einen der seltenen Fälle, in denen der Erbauungszeitraum präzise gefasst werden kann. 1198 erwarb Graf Heinrich I. von Zweibrücken den schon in keltischer und römischer Zeit besiedelten Berg vom Kloster Hornbach. Heinrich und seine Nachfolger ließen sukzessive Burggebäude errichten, die von Burgmannen verwaltet wurden. Wohl infolge dessen aufgetretene Differenzen mit den benachbarten Herzögen von Lothringen konnten 1269 ausgeräumt werden, als Herzog Friedrich II. von Lothringen den Grafen Heinrich II. von Zweibrücken mit der Hälfte von Lemberg belehnte, woraus sich für die Folgezeit eine gemeinsame Herrschaft von Lothringen und Zweibrücken entwickelte. Nach dem Tod Heinrichs 1282 fiel Lemberg an Eberhard, der sich, nachdem er 1297 auch noch die Herrschaft Bitsch erworben hatte, fortan Graf von Zweibücken, Herr zu Bitsch, nannte.
Lemberg blieb in der Folgezeit im (Lehns-) Besitz der Burg. Unter Graf Jakob I., der 1536 seine Hochzeit mit Katharina von Hohenstein auf Lemberg feierte, wurde die Burg zu einem großzügigen Renaissanceschloss umgebaut und spätestens seit 1541 als Hauptresidenz genutzt. Nach dem Tod des Grafen fiel die Anlage 1570 an Philipp V. von Hanau-Lichtenberg. Erb- und Religionsstreitigkeiten zwischen Hanau-Lichtenberg und Lothringen sowie den Grafen von Leiningen-Westerburg führten 1572 zur Besetzung der Burg durch Truppen Herzog Karls III. von Lothringen. Nach dem Abzug der Lothringer 1604/6 befand sich die Burg in einem so schlechten baulichen Zustand, dass umfangreiche Wiederherstellungsarbeiten notwendig wurden.
Im Dreißigjährigen Krieg mehrfach von fremden Besatzungen beschädigt, wurde Lemberg im Verlauf des Pfälzischen Erbfolgekrieges 1689 von französischen Soldaten zerstört. Schon seit dem 17. Jahrhundert diente die Anlage der Bevölkerung der umliegenden Dörfer als Steinbruch. Durch Ausgrabungen in neuester Zeit konnten Teile der Unterburg sowie eine äußerst bemerkenswerte Brunnenanlage freigelegt werden. Im September 2001 wurde an der Ostseite des Burgfelsens ein Burgeninformationszentrum eröffnet.
Die gründliche Zerstörung und nachfolgende Abbrucharbeiten haben dazu geführt, dass von der einst umfangreichen Burg- und Schlossanlage heute außer dem Aufsatzfelsen und neben dem äußerst auffälligen Neubau des Informationszentrums historische Bausubstanz kaum noch in Erscheinung tritt. Die Unterburg besitzt eine Länge von

Stumpf eines runden Flankierungsturms im Eingangsbereich

etwa 120 Metern bei 60 Metern Breite. Zentral darin erhebt sich die Felsplattform mit der 50 Meter langen und 30 Meter breiten Oberburg. An ihrer Westseite sind in mittelalterlicher Zeit natürliche Höhlen zu Felskammern ausgehauen worden. Neben weiteren höhlenartigen Felskammern hat sich an der Ostwand des Burgfelsens ein tonnengewölbter Keller erhalten, der 1953 als Burgschänke eingerichtet wurde. Allenthalben finden sich eingemauerte Bauspolien.

Mauerrest und Brunnenschacht auf der Oberburg

Nennenswertes Mauerwerk zeigt allein die in jüngster Zeit freigelegte Toranlage der Unterburg im Osten. Das Tor selbst ist verschwunden, jedoch steht noch der Stumpf eines runden Flankierungsturms mit Schießscharten und Buckelquaderverblendung aus dem späten Mittelalter. Mit sorgfältig gesetzten Buckelquadern verkleidet ist auch die vom Tor abgehende Ringmauer. Sie läuft mannshoch ein beträchtliches Stück am Berghang entlang und scheint dem späten 13. Jahrhundert anzugehören.
Auf der Westseite des weiträumigen Burghofs, der den zentralen Felsen auf drei Seiten umgibt, befinden sich Fundamente eines schmalen Gebäudes unbekannter Funktion. Im Südosten des Hofs aufgefundene rechteckige Fundamente eines Gebäudes, in dem mehrere Kinderskelette aufgefunden wurden, werden als Kapelle angesprochen.
Sehenswert ist der nur zu bestimmten Besichtigungszeiten zugängliche 131 Meter lange Querstollen des Burgbrunnens. Er beginnt am westlichen Berghang unterhalb der Burg und stößt in 60 Metern Tiefe auf den Brunnenschacht. Der Brunnen selbst reicht bis in eine Tiefe von 95 Metern, führte aber bei seiner Ausräumung kein Wasser.

Ansicht von Südwesten

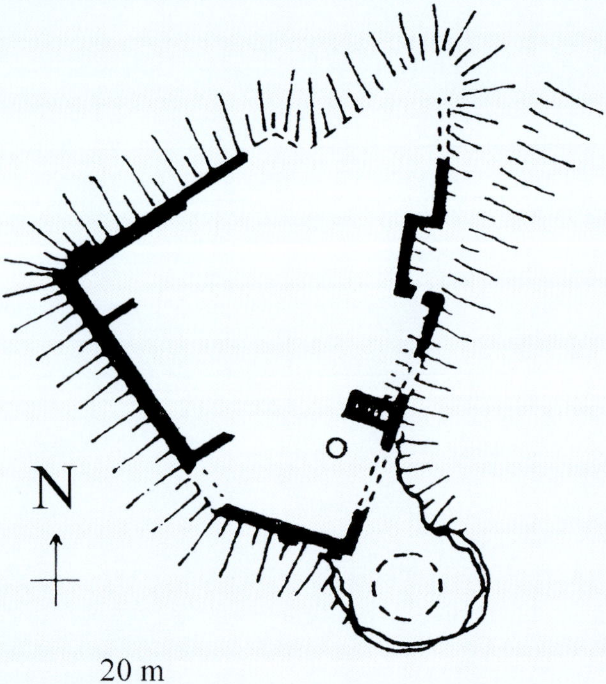

Burg Lindelbrunn

Burg Lindelbrunn wurde als Reichsburg möglicherweise noch im ausgehenden 12. Jahrhundert errichtet. Urkundlich erwähnt wird die Burg allerdings erst im 13. Jahrhundert.

Dieter von Lindelbrunn ist der erste bekannte Reichsministeriale, der sich, ursprünglich aus der Familie von (Rhein-)Hausen stammend, seit den 50er Jahren des 13. Jahrhunderts nach der Burg benannte. Seine Familie behielt in den Wirren des Interregnums Zugriff auf die Reichsburg bis zu seinem Enkel Merkelin. Wegen dessen schwächlicher Konstitution übertrug König Rudolf von Habsburg 1274 Lindelbrunn als Reichslehen an die ihm verbundenen Grafen Emich IV. und Friedrich III. von Leiningen unter der Voraussetzung, dass der junge Lindelbrunner vor der Volljährigkeit sterben würde. Tatsächlich fiel die Burg vor 1317 endgültig an die Leininger und ging bei der bekannten innerfamiliären leiningischen Teilung von 1317/18 an Graf

Südlicher Burgbereich. Aquarell von Fritz Bamberger, 1864

Älterer Zugang

Burghof mit älterem Zugang (links hinten) und Kapelle (Mitte hinten)

Jofried. Die neue Linie Leiningen-Hardenburg blieb in der nachfolgenden Generation im Besitz Lindelbrunns.
Wenige Jahre später aber begegnen uns auf ungeklärte Weise die Grafen von Zweibrücken auf der Burg, die am 5. April 1358 dem Pfalzgrafen Ruprecht I. neben anderen Befestigungen auch Lindelbrunn öffneten. Die Burg beherbergte damit von nun an zwei Eignerparteien; das in den folgenden Jahrhunderten bestehende Ganerbiat Leiningen – Zweibrücken eliminierte zusehends die Reichslehnbarkeit der Anlage.
1440 wurde die Burg zum Schauplatz militärischer Ereignisse. Graf Emich VI. von Leiningen-Hardenburg, der von dem adeligen Speyerer Bürger Heinrich Steinhausen Geld geliehen hatte, hatte diesen als Gemeiner auf der Burg aufgenommen. Nach größeren Streitigkeiten zwischen Heinrich einerseits und dem Bistum Speyer und Kurpfalz andererseits zog schließlich ein Truppenaufgebot vor die Burg Lindel-

brunn und belagerte sie sieben Wochen lang. Durch Vermittlung der Grafen von Leiningen konnte diese Auseinandersetzung aber beigelegt werden.
In ganz ähnlicher Weise verlief eine weitere Fehde zwischen 1448 und 1450, in die der Burggemeiner Heinrich Holzapfel mit dem Bistum

Speyer und der Reichsstadt Landau geraten war. Einer ersten, erfolglosen Belagerung durch die Truppen der Stadt und des Bischofs folgte eine zweite durch die Grafen Friedrich von Zweibrücken-Bitsch und Bernhard von Leiningen-Hardenburg, die mit der Einnahme der Burg endete. Ganz offensichtlich entstanden aber nur geringe Schäden, die bald behoben werden konnten.

Doch sollte es bis zur endgültigen Zerstörung nur noch wenige Jahrzehnte dauern: Im Bauernkrieg nahm der so genannte „Kleeburger Kolbenhaufe“ Lindelbrunn ein, plünderte die Anlage aus und brannte sie beim Abzug nieder. Die ehemalige Reichsburg wurde nicht wieder aufgebaut und ist seither Ruine.

Die erhaltenen Baureste stammen zumeist aus der Entstehungszeit der Burg, weisen also auf einen zügigen Ausbau schon von Anfang an hin. Lediglich ein rondellartiger Turm auf der vorspringenden Felsplattform über dem Burgweg scheint dem späten Mittelalter anzugehören. Restaurierungsmaßnahmen mit Aufmauerungen in den siebziger Jahren des 20. Jahrhunderts haben das überkommene Erscheinungsbild der Burg stark beeinträchtigt.

Burg Lindelbrunn ist eine der seltenen Gipfelburgen, die einer richtigen Angriffsseite entbehrt und wegen allseitig steil abfallender Berghänge auch keinen (Hals-) Graben oder Zwinger benötigte. Ihre repräsentativen Bauten bildeten zum Großteil mit ihren Außenwänden die Ringmauern, die sich ohne Rücksicht auf fortifikatorisch ungünstige tote Winkel ganz dem Geländeverlauf anpassten.

Der steil ansteigende Burgweg führt unter einer überhängenden Felsnase mit eindrucksvoller Wabenverwitterung und dem darüber errichteten Rondell an einem schachtartig durch den Fels stoßenden ursprünglichen Zugang vorüber zur Schwelle des inneren Tors. Die äußere Toranlage ist verschwunden. Nach Passieren des Tors stößt man auf die Fundamente der St. Nikolaus-Kapelle aus dem frühen 13. Jahrhundert, deren Umfassungsmauern von etwa acht Metern Seitenlänge ebenfalls einige Steinlagen hoch restauriert und deren Wände mit Fundstücken in Lisenen gegliedert worden sind. Ihre rechteckige Apsis war auf der Ostseite zum Burgweg hin gerichtet. Unmittelbar neben der Kapelle mündet die steile Felstreppe des ersten Burgeingangs, der später vielleicht als Wachtposten für den Burgweg Verwendung gefunden hat.

Der heute geräumige, zum größten Teil noch unter Schutt liegende Burghof war im Mittelalter großteils mit Gebäuden überbaut, wie die Reste der hofseitigen, allerdings modern ergänzten Mauern zeigen.

Ihn umschließen drei große aneinander stoßende Wohngebäude, von denen eins in der Außenmauer noch zwei Stockwerke hoch aufragt. Es ist unterkellert und zeigt als Besonderheit in der Wand den Schacht einer frühen Heizungsanlage. Die Außenwand des Nordwestbaus, an dem ein fast vollständig erhaltener Aborterker auf zierlichen Konsolen vorkragt, wurde bis in Geschosshöhe zum größten Teil erneuert.
Außergewöhnliche kunsthistorische Bedeutung kommt der Außenfassade des Westbaus zu, die an den Turm auf Burg Trifels erinnert. Diese noch fast bis zum Dachansatz erhaltene Wand wird von drei gekuppelten, teilweise ausgebrochenen, von Rundbogenblenden umrahmten Spitzbogenfenstern durchbrochen, die in tiefen, stichbogigen Nischen mit Seitenbänken sitzen. Dahinter öffnete sich vermutlich ein großer Saal, von dem sich ein leider unsachgemäß restaurierter offener Kamin und Reste eines kunstvollen Gesimses erhalten haben.
Nahe den beiden Toren soll die Burg an ihrer höchsten Stelle einen Bergfried besessen haben, dessen Fundamente noch im Schutt verborgen liegen. Verblüffend ist die Lage eines Brunnens außerhalb des Berings vor dem Palas ohne erkennbaren Zugang.

Wohngebäude mit Fenstern, Fensterbänken und rekonstruiertem Kamin

Ansicht von Südosten

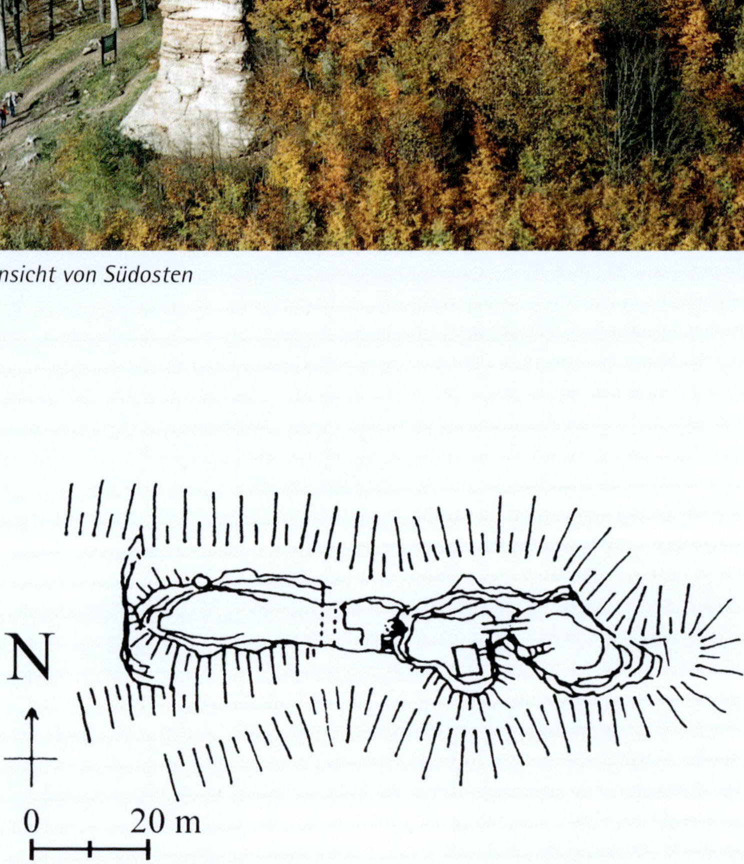

Burg Löwenstein

Burg Löwenstein dürfte eine der kurzlebigsten Burgen in Pfalz und Elsaß sein, über die zudem nur äußerst wenige, dafür aber höchst interessante Schriftquellen existieren.

Bekannt sind eigentlich nur zwei aussagekräftige und direkt mit der Burggeschichte in Verbindung zu bringende Ereignisse: 1282 resignierte Wolfram von Fleckenstein den Löwenstein als Reichslehen, der daraufhin von König Rudolf von Habsburg dem elsässischen Landvogt Otto von Ochsenstein verliehen wurde. Daraus ergibt sich eindeutig, dass die Anlage eine Reichsburg war, die von den Reichsministerialen von Fleckenstein verwaltet worden ist. Reichsministerialen von Löwenstein hat es entgegen der landläufigen Meinung nicht gegeben.

Erst gegen Ende des 14. Jahrhunderts tritt der Löwenstein dann wieder in das Licht der Geschichte. Mittlerweile hatte Otto VII. von Ochsenstein die Hälfte der Anlage an Hans Streiff von (Alt-)Landenberg (Burgfrieden von 1380) und Hans von Albe (= Johann von Bitsch) versetzt (belegt für 1383). Im Zusammenhang mit den Ereignissen um die schismatische Wahl eines neuen Bischofs im Straßburger Domkapitel gerieten die Ochsensteiner und ihr Verwandter und Kandidat, der Straßburger Domdekan Johann, 1374 in Auseinandersetzungen mit der Stadt.

Nachdem bereits 1382 straßburgische Truppen die Stammburg Ochsenstein erobert und zerstört hatten, traf es den Löwenstein unter dem gleichen fadenscheinigen Vorwand der Räuberei im Jahre 1386. Der zeitgenössische, auf Seiten der Straßburger stehende Chronist Jacob Twinger von Königshofen berichtet über die Ereignisse in seiner Chronik: *Diese zwei Edelknechte hielten sich auf einer Burg, genannt Löwenstein, auf, die fest in ihren Gebäuden und voll böser Räuber war. Daraufhin bat der Junker Johann von Lichtenberg die Straßburger, da er ihr Bürger war, dass sie ihm zu Hilfe kommen sollten gegen diese seine vorgenannten Feinde. Also zogen die Straßburger mit Johann von Lichtenberg vor den Löwenstein mit Büchsen und Belagerungswerken und bestürmten die Burg heftig. Und sie untergruben den Berg und Fels, auf dem die Anlage stand, bis die Verteidiger sich, nachdem sie acht Tage belagert worden waren, voller Schrecken ergaben. Und man ließ sie gehen. Dort wurden ungefähr 14.000 Gulden verzehrt und dem Belagerungspersonal als Lohn ausgezahlt.*

Ansicht des mittleren Burgfelsens von Norden. Bleistiftzeichnung von Ludwig Lindenschmit, 1863

Tatsächlich dauerte die Belagerung – wie aus mehreren Schreiben des Befehlshabers der Belagerungstruppen bekannt ist – elf Tage und wurde wohl durch Aufgabe seitens der gerade einmal 19 Verteidiger beendet. Von geradezu unschätzbarem Wert ist das von Hugelin Süsse nach den Ereignissen angelegte und glücklicherweise überlieferte Rechenbuch.

Nach der erfolgreichen Belagerung und wohl auch Zerstörung fehlt jede weitere schriftliche Nachricht. Nach Ausweis von Keramikfunden könnte die Anlage aber noch bis in das 16. Jahrhundert weiter genutzt worden sein.

Die dreiteilige Anlage erstreckt sich in Spornlage am Hang des Burgbergs, der auch die Hohenburg trägt. Vom Berghang wird sie durch einen künstlichen Halsgraben abgetrennt. Westlich des Felsmassivs zog sich eine schmale Unterburg am bergseitigen Felsen entlang, deren Umfassungsmauer unter Schutt kaum erkennbar ist. Viehtränken und eine Zisterne auf der Ostseite des Nordfelsens lassen auf ehemalige Stallungen schließen.

Aufbauten sind so gut wie keine mehr vorhanden. Auf dem vollkommen abgeräumten, größeren Nordfelsen sind nur einige in den Felsen gehauene Stufen, ein tunnelartiger Durchbruch im Unterburgbereich und der Rest eines runden Treppenturms erhalten geblieben, der auf die Plattform der mittleren Burg führte. Zu dieser mittleren und

Blick auf die Reste eines Treppenturms und den mittleren Burgfelsen

kleinsten Anlage gelangt man über eine steile Holztreppe, die in einen Felsenkeller führt, der wohl einst als Zisterne genutzt wurde. Interessant sind die für Felsenburgen typischen Nuten in der Felsoberfläche, in denen Tragbalken von ehemals über den Felsrand hinaus kragenden Gebäuden lagen.
Der dritte und höchste Felsen kann nur über einen Steg von der mittleren Burg aus erreicht werden. Er fällt nach allen Seiten lotrecht ab und steht zum Teil mit seiner Plattform wie ein Pilzhut über. Von der einstigen Bebauung zeigt er lediglich Pfostenlöcher und Treppenansätze.

Ansicht von Nordosten

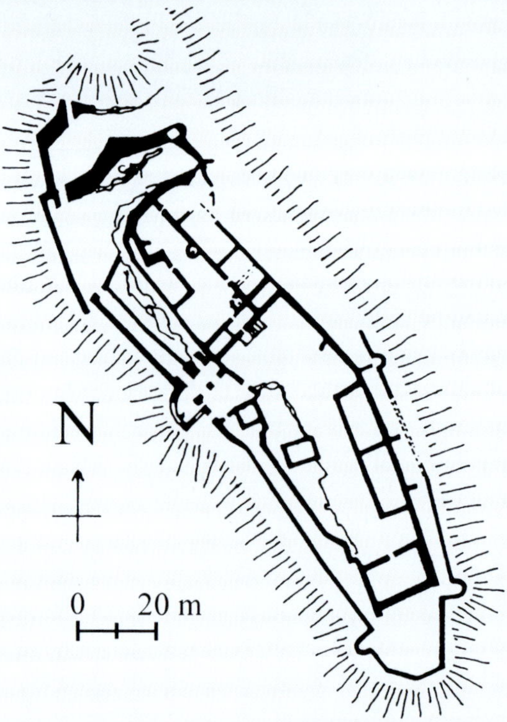

Madenburg

Noch in griechischer Bezeichnung begegnet uns die Madenburg als „Parthenopolis" zum ersten Mal im Jahre 1076 anlässlich einer geplanten Fürstenversammlung, die über die Absetzung König Heinrichs IV. beraten sollte. Vor 1112 setzte sich Erzbischof Adalbert I. von Mainz in den Besitz der Burg, die bis dahin gemeinsam dem Reich und dem Hochstift Speyer gehört hatte, und gab sie erst unter Zwang und nach langer Gefangenschaft wieder heraus.

1176 wurde ein Hermann von Madenburg für den ohne sein Wissen geschehenen Verkauf eines Gutes in Friedelsheim durch seine Mutter, Gräfin Ida von Madenburg, an das Kloster Limburg durch den dortigen Abt Konrad entschädigt. Weitere Einzelheiten über das mysteriöse Grafengeschlecht von Madenburg, das in seltsamem Widerspruch zur Doppelherrschaft Speyer/Reich steht, sind bedauerlicherweise nicht aufzufinden. 1241 belegte sich ein bischöflich speyerischer Beamter Eberhard aus der Familie von Wersau, der höchstwahrscheinlich bereits 1211/20 als Schenk amtierte, mit dem Beinamen von Madenburg. Ob das Speyerer Hofamt des Schenken in irgendeinem engeren Zusammenhang mit der Burg stand, lässt sich leider nicht sagen.

Erst um die Mitte des 13. Jahrhunderts lichtet sich das Dunkel um die Besitz- und Verwaltungsverhältnisse zumindest teilweise: Mit Konrad von Schüpf benannte sich erstmals ein Angehöriger der Schüpfer Familie und damit zum ersten Mal auch ein Reichsministeriale nach der Madenburg, ohne dass er in der Folgezeit bis zu seinem Ableben nach 1276 diese Betitelung durchgängig beibehalten hätte.

1317 ist die Madenburg dagegen in der Hand der Grafen von Leiningen, wie eine Teilungsurkunde zwischen den beiden gräflichen Stiefbrüdern Friedrich V. und Jofried von Leiningen verdeutlicht. Seit dem späten 14. Jahrhundert von einer Burggemeinschaft bewohnt, wurde die Anlage 1470 von Truppen Pfalzgraf Friedrichs I., des Siegreichen, belagert und erobert.

Mit dem Kauf der Madenburg durch Bischof Georg von Speyer 1516 waren und blieben von da an alle Besitzanteile in einer Hand. Die zwischenzeitlich im Bauernkrieg 1525 zerstörte Anlage erfuhr bis zum Ende des 16. Jahrhunderts zahlreiche Aus- und Umbauten und wurde anstelle der aufgegebenen Kästenburg (das heutige Hambacher Schloss) Amtssitz und Lagerort für das Bistumsarchiv. Nach zahlrei-

Teilsanierter Turmrest in der Kernburg

Nördlicher Treppenturm am Eberhardsbau mit Renaissanceportal

chen, meist erfolgreichen Belagerungen seit dem 30jährigen Krieg sorgten französische Truppen im Rahmen der Reunionskriege am Ende des 17. Jahrhunderts für die endgültige Zerstörung der Burg. Wiederaufbaupläne seit dem 19. Jahrhundert wurden mit Ausnahme des erneuerten Brunnenhauses glücklicherweise nicht verwirklicht. Von 1989 bis 1995 erfolgten umfangreiche Sanierungs- und Erhaltungsmaßnahmen vor allem im Bereich der inneren Burg. 2003 wurde schließlich im ehemaligen Zeughaus ein Burgmuseum eröffnet.

Mit mehr als 180 Metern Länge und 50 Metern Breite ist die Madenburg die größte Burganlage der Südpfalz. Der Besucher erreicht zunächst ein mächtiges, quer vor der eigentlichen Burg liegendes Vorwerk mit fünf bis sieben Meter dicken Mauern. Auf dem halbrunden Flankierungsausbau im Osten konnte ein Kanone in Stellung gebracht werden. Hinter dem Tor beginnt die Rampe zum Haupttor, vorbei am hochmittelalterlichen Halsgraben der Kernburg und an Ställen. Gleichsam als Pendant zum Vorwerk hat man jetzt die stauferzeitliche

Turmrest in der Kernburg. Stahlstich, gezeichnet von Theodor Verhas, gestochen von Henry Winkles, vor 1840

Schildmauer der Kernburg, eigentlich einen Hohen Mantel, in vorzüglicher Buckelquaderverblendung vor sich.
Von der Torbastion vor dem Haupttor sind nur noch die Anfänge der Pforte und neben einem restaurierten Gurtbogen einige Pfeilerstümpfe übrig geblieben. Das Tor selbst zeigt drei Bauphasen, von denen die älteste einen romanischen Rundbogen, die dritte von 1549 einen noch spätgotischen Spitzbogen aufweist. Zwei Kerben im romanischen Torgewände zeigen den Anschlag der ehemaligen Zugbrücke. Rechts, zum Teil vom Brunnenhaus verdeckt, ist ein aus der Ringmauer hervorspringender stauferzeitlicher Turm zu erkennen, der im Spätmittelalter teilweise abgerissen und verändert überbaut worden ist.
Der Burghof war an den Längsseiten vor allem mit Wirtschaftsgebäuden dicht bebaut. Einen Teil davon nimmt heute die Burgschänke ein. Ihr gegenüber steht, in den Umfassungsmauern noch erhalten, die Burgkapelle aus dem frühen 15. Jahrhundert. Im Süden schließt das ehemalige Zeughaus den Hof ab. Es beherbergt das unter Beibehaltung der alten Bausubstanz eingegliederte Burgmuseum.
Der so genannte Mitteltrakt trennt den heutigen unteren Hof, die ehemalige Vorburg, vom oberen Hof der eigentlichen Kernburg. Er wird vom Stumpf eines mittelalterlichen Turms, der kurioserweise zwei Mauerschalen besitzt, und dem aus einem Vorgängerbau entstandenen und 1550 fertig gestellten „Philippsbau“ eingenommen, dessen

Eberhardsbau mit Renaissancetreppentürmen. Sepiazeichnung von Peter Gayer, vor 1836

drittes Geschoss heute als Aussichtsplattform dient. Vom palastartigen „Eberhardsbau“, einem Renaissancegebäude Bischof Eberhards von Speyer, stehen nur noch die beiden Treppentürme aus den Jahren 1593 und 1594 mit sehr schönen Portalen und die restaurierten Kellergewölbe.

Dem Eberhardsbau gegenüber zogen sich von Anfang an Gebäude an der Ringmauer entlang. Die noch vorhandenen Reste stammen aus der Spätzeit: ein dreigeschossiges restauriertes Wohngebäude aus dem 16. Jahrhundert und davor die Burgküche, in der sich Herd und Backofen erhalten haben. Vom mittelalterlichen Bergfried, den eine moderne Stützmauer verunstaltet, steht nur noch ein bescheidener Rest von Buckelquadermauerwerk mit Spuren der Einstiegsöffnung. Die gewaltige Steinmasse der stauferzeitlichen, gegen die Angriffsseite gerichteten Schildmauer schließt die Kernburg nach Norden hin ab. Die Zwinger mit den flankierenden Halbschalentürmen sind frühestens in den Anfang des 15. Jahrhunderts zu setzen. Der südöstliche Flankierungsturm trägt die Jahreszahl 1545, was aber nicht ein Bauindiz sein muss.

Ansicht von Süden

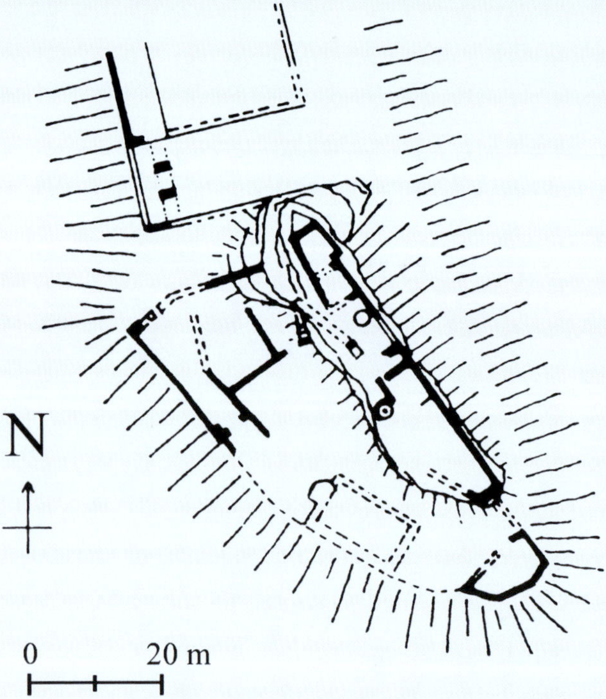

Burg Meistersel

Burg Meistersel zählt zu den ältesten Burgen der Pfalz. Bischof Johann I. von Speyer überschrieb die Anlage, eine darunter liegende Talsiedlung und umliegende Waldungen nebst der Kästenburg und Deidesheim im Jahre 1100 seinem Bistum.
Gegen Ende des 12. Jahrhunderts wurde Meistersel jedoch als Reichsburg von Reichsministerialen verwaltet. Als erster Reichsministeriale und Burgmann lässt sich Heinrich von Meistersel von 1186 bis 1207 nachweisen. Burg Meistersel gelangte dann in die Hände einer Familie mit dem sprechenden Beinamen „Kopf", als deren erstes Mitglied von 1198/1210–1233 ein Siegfried bekannt ist. Von seinen drei Söhnen Siegfried/Sigelo II., Ulrich und Jakob folgte Siegfried seinem Vater als Ritter von Meistersel nach. 1237 verkaufte dieser eine jährliche Gülte in Höhe von 260 (!) Käsen an das Kloster Eußerthal, was – abgesehen von der frappierenden Höhe der Naturalabgabe – als ein Beispiel von vielen veranschaulicht, welch enge Beziehungen zwischen Meistersel und dem nahe gelegenen Zisterzienserkloster bestanden. Nach 1277 fehlen Nachweise für das Rittergeschlecht Kopf von Meistersel; die Familie dürfte gegen Ende des 13. Jahrhunderts ausgestorben sein.
Burg Meistersel wurde danach als Reichsgut wohl von König Rudolf von Habsburg eingezogen, woraus sich erklären dürfte, weshalb die Familie von Ochsenstein – ein Neffe des Königs, Otto IV. von Ochsenstein, amtierte seit 1280 als Landvogt im Elsaß und im Breisgau – seit Beginn des 14. Jahrhunderts als Lehnsbesitzer auftrat. 1306 schrieb Otto V. von Ochsenstein seiner Ehefrau Herzelaude Meistersel und Lingenfeld für einen Betrag von 400 Mark Silber zum Wittum aus.
In späterer Zeit wurde Meistersel faktisch ein Besitztum der Pfalzgrafschaft bei Rhein und beherbergte eine anwachsende Burggemeinschaft. Der Zeitpunkt, wann die Burg zur Ruine wurde, ist trotz Anzeichen für einen baulichen Niedergang in der zweiten Hälfte des 15. Jahrhunderts völlig ungewiss; Annahmen von einer Beschädigung im Bauernkrieg sind ebenso wenig zu beweisen wie Hypothesen von einer Zerstörung am Ende des 17. Jahrhunderts.
Der rasant fortschreitende Verfall der von jeder denkmalpflegerischen Ambition sträflich vernachlässigten und doch so bedeutenden Burgruine erschwert es heute dem Besucher von Meistersel, sich eine Vorstellung vom ursprünglichen Aussehen der Anlage zu machen. Allein

Vierteiliges Fenster und vermauerter Erker am südlichen Wohnbau der Oberburg

in den letzten dreißig Jahren ist ein großer Teil wertvoller Bausubstanz – auch durch unqualifizierte Eingriffe – unwiederbringlich verloren gegangen.
Die heutige Burgruine Meistersel gehört mit ihren ältesten Teilen der ersten Hälfte des 13. Jahrhunderts an; aus salischer Zeit sind keine baulichen Reste mehr überliefert. Spätere Ausbauten reichen bis ins 15. Jahrhundert. Nach dem 30jährigen Krieg scheint an der Burg nicht mehr gebaut worden zu sein. Meistersel verdeutlicht demnach äußerst eindrucksvoll die Anlage einer Felsenburg. Ihre Unterburg erstreckt sich längs eines frei stehenden Felsriffs in Gipfellage und benutzt die Felswand als natürliche Deckung. Eine in den Fels geschlagene schmale und umknickende Treppe ist der einzige Zugang auf die Plattform, wo sich die Reste der ehemaligen Wohngebäude befinden.
Der heutige Weg zur Ruine führt vom Bergsattel am Parkplatz „Drei Buchen“ hinauf und stößt auf dem felsigen Berggrat zunächst auf die wahrscheinlich erst im 15. Jahrhundert entstandene Vorburg. Vor dem Bau der Unterburg könnte der Burgweg, von Süden her kommend, unmittelbar am Felsen verlaufen sein. Von der Vorburg ist nur noch eine wegseitige Mauer mit einigen Lichtöffnungen erhalten geblieben. Sie ist stark zerfallen und neuerdings – auch infolge widerrechtlicher privater Grabungen –an zwei Stellen eingestürzt.

Die Hauptburg trennt ein breiter, in den felsigen Untergrund geschlagener Graben, der ehedem von einer Zugbrücke überspannt wurde. Reste von zwei Brückenpfeilern stehen noch. Das erhaltene einsturzgefährdete innere Tor mit spitzem Bogen befindet sich am Ende eines ehemals schmalen Zwingers und hatte nur einen Torflügel. Dahinter öffnet sich eine recht geräumige, nur auf dieser Seite des Felsens vorhandene Unterburg, in der noch der tonnengewölbte Keller eines ansonsten abgegangenen Gebäudes betreten werden kann. Auf einem terrassenartig erhöhten Hofabschnitt stehen noch in Untergeschosshöhe drei Wände eines später zu Wohnzwecken umgebauten Hauses mit einer spitzbogigen Tür. Rechts davon steigt die Felsentreppe zur Oberburg empor. Sie war mehrfach abgeriegelt, in der Mitte an einer Wächterstube unterbrochen und durchstieß in ganz ähnlicher Weise wie auf der Falkenburg die Felsplattform der Oberburg.
In ihrer letzten Bauphase bestand die Oberburg aus zwei kaum voneinander getrennten, lang gestreckten Gebäuden, die zum Hof hin wohl nur in Fachwerk ausgeführt waren. Von den Außenmauern sind noch ansehnliche Teile vorhanden. Der nördliche und wohl ältere Bau wird zum Halsgraben hin durch eine vorgesetzte, spornartig zuge-

Verbindungsweg zwischen Ober- und Unterburg mit Felsdurchgang

Ansicht der Oberburg von Nordosten. Kolorierte Bleistiftzeichnung eines unbekannten Künstlers, 1835

spitzte Mauer aus vorzüglich gesetzten Buckelquadern des 13. Jahrhunderts verstärkt. Das südliche Gebäude besitzt mit einem vierteiligen gotischen Fenster aus dem späten 13. oder dem frühen 14. Jahrhundert eine kunsthistorische Seltenheit, die leider in jüngster Vergangenheit mutwillig zerstört worden ist. Ein Kellerschacht führt in den Fels hinein zu einer teilweise natürlich entstandenen Kammer mit einem vorspringenden Absatz, von dem aus man an den Schacht des Burgbrunnens gelangt. Dieser konnte sowohl von oben als auch von der Unterburg aus benutzt werden. Der teilweise außerhalb der Felswand laufende Schacht ist turmartig mit schönen Buckelquadern verkleidet.
Vom ehemaligen Bergfried hat sich nichts mehr erhalten. Er stand in der Mitte der Plattform neben der tiefen, rechteckigen Filterzisterne und war bereits im Mittelalter abgerissen worden, um Platz für Wohnraum zu schaffen.

Brunnenturm am Oberburgfelsen mit qualitätvollen Buckelquadern

Ansicht von Norden

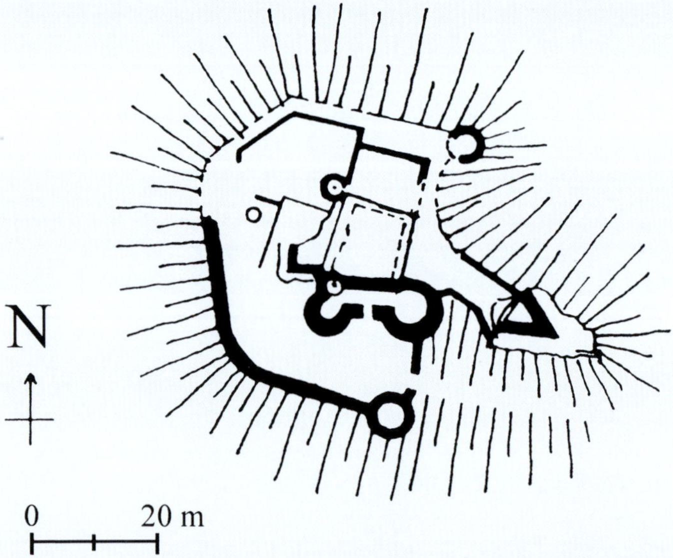

Burg Neudahn

Burg Neudahn wurde möglicherweise bereits in der ersten Hälfte des 13. Jahrhunderts von dem speyerischen Ministerialen Heinrich Mursel von Dahn errichtet; der endgültige Nachweis ist hier angesichts einer mehr als komplexen und verwirrenden Besitz- und Familiengeschichte der speyerischen Ministerialen von Dahn – nicht allein für die Gründungszeit – erst noch zu führen.
Die Anlage gelangte nach Erbauseinandersetzungen zusammen mit Burg Altdahn 1327 nach dem Aussterben der Nachkommen Heinrich Mursels als Lehen des Bistums Speyer in den Besitz des Ritters Johann III. von (Alt-)Dahn. Nach dessen Tod fiel Neudahn, im 1343/47 angelegten Lehnsverzeichnis der Bischöfe von Speyer deutlich von Altdahn unterschieden, zusammen mit drei Vierteln der Burg Tanstein nach 1353 an dessen zweiten Sohn Heinrich. Heinrich von Neudahn hinterließ nach seinem Ableben 1372 mit Heinrich II. und Johannes V. zwei unmündige Söhne, über die Heinrich von Fleckenstein die Vormundschaft ausübte. Noch während dieser Zeit öffnete der Fleckensteiner 1378 die Burg dem Pfalzgrafen Ruprecht I., was aber auf das Oberlehnsverhältnis des Hochstifts Speyer keine Auswirkungen hatte. Danach sollte die Burg für die Zukunft ein pfälzisches Offenhaus bleiben.
Im so genannten „Vierherrenkrieg" 1406 erlitt Neudahn Beschädigungen, wie sich aus einem 1438 geschlossenen Vergleich zwischen Heinrich von Neudahn d. J. und Heinrich von Geroldseck ergibt. Ob die Burg unter Christoph von Neudahn in die Sickingische Fehde 1523 in gleichem Maße involviert war wie der Tanstein unter Heinrich von Dahn, muss offen bleiben.
Die Burg wurde permanent um- und ausgebaut und insbesondere im 16. Jahrhundert den veränderten militärischen Erfordernissen angepasst. Diese Baumaßnahmen waren so umfangreich, dass sie einem Neubau gleichkamen. Erst mit dem Tod Ludwigs von Dahn endete 1603 die Herrschaft des ehemaligen Ministerialengeschlechtes. Burg und Herrschaft fielen als erledigte Lehen an den Bischof von Speyer und das Hochstift zurück. Bis zum Pfälzischen Erbfolgekrieg nahmen fürstbischöfliche Amtskeller ihren Sitz auf Neudahn; nach der Zerstörung der Burg verlegten die Beamten ihren Dienstsitz nach Dahn, da die Ruine nicht wieder aufgebaut wurde.
Von 1975 bis 1983 fanden ausgedehnte Restaurierungsmaßnahmen statt. Dabei wurden in den Geschütztürmen neben den eingestürzten

Geschütztürme und Oberburg von Südwesten. Aquarell von Fritz Bamberger, 1864

Decken die Treppenaufgänge wiederhergestellt. Auch der Treppenturm auf der Nordseite ist aufgemauert, die Treppe erneuert und dadurch ein Zugang auf die Oberburg geschaffen worden. Weitere Aufmauerungen und die Freilegung der Unterburg schlossen die Arbeiten ab.

Die relativ kleine und kompakte Burganlage mit wesentlichen Festungselementen umschließt einen isolierten Felsklotz auf dem nördlichen Ausläufer des lang gestreckten Bergrückens über dem Tal der Wieslauter und präsentiert sich heute im Wesentlichen als ein Wehrbau des 16. Jahrhunderts. Wahrscheinlich aus der Erbauungszeit stammt noch einiges aufsteigende Mauerwerk auf der Plattform des

allseits senkrecht abstürzenden Hauptfelsens. Es handelt sich um zwei Wände des Palas in solider Bauart mit vorzüglich gesetzten Buckelquadern aus der zweiten Hälfte des 13. Jahrhunderts, durchweg mit Zangenlöchern. Eine heute an einer Seite offene Zisterne an der Westseite des Felsens ist sicherlich in derselben Bauzeit angelegt worden. Aus dem frühen 15. Jahrhundert rührt wohl der Treppenturm auf der Nordseite mit dem daran anstoßenden Wohnbau. Alle anderen Bauteile, auch die Umfassungsmauern der Unterburg, sind im 16. Jahrhundert hinzu gekommen, als Neudahn aufwändig mit den beiden Zwillings-Batterietürmen und mit einer doppelt keilförmigen Bastion nach französischem Vorbild ausgestattet wurde.
Der recht enge Zugang zur Unterburg liegt zwischen dem stärkeren der beiden Zwillingstürme und einem runden, stark restaurierten Flankierungsturm aus dem 16. Jahrhundert. Vom Tor selbst ist nur noch das Gewändefundament vorhanden. Im Gelände der Unterburg sind keine baulichen Reste mehr zu finden mit Ausnahme des verschütteten Burgbrunnens, des teilweise noch original verputzten runden Treppenturms und der Giebelwand des angelehnten Wohnhauses, die

Ansicht von Westen. Sepiazeichnung von Peter Gayer, vor 1836

Geschütztürme und Aufbauten der Oberburg

wieder hochgemauert und mit einem falsch restaurierten romanischen Torbogen versehen worden ist. Nach Durchquerung dieses Gebäudes sieht man links einen weiteren, ebenfalls stark aufgemauerten Flankierungsturm der Ringmauer. Das Gelände verengt sich hier zu einem spornartigen Felsvorsprung, der mit einer Mauer aus Buckelquadern des 16. Jahrhunderts schiffsbugartig verkleidet ist. Eine isoliert stehende keilförmige Bastion erhebt sich darüber als zusätzlicher Wehrbau.

Von dieser Bastion aus kann man in das erste Obergeschoss der beiden Batterietürme gelangen. Ein weiterer Zugang ist von der Plattform der Oberburg möglich. Bei der behutsamen Restaurierung der Gewölbe im Innern wurden die noch vorhandenen Gurtbögen mit einbezogen. Der westliche Turm ist schwächer und nimmt die Schneckenstiege zur Verbindung der Stockwerke auf. Außen zeigen die Türme kunstvoll gestaltete Maulscharten und getreppte Brillenscharten. Die Plattform der Oberburg mit ihren wenigen originalen Resten wird durch zahlreiche moderne Brüstungsmauern gestört,

Maulscharte am westlichen Geschützturm

wodurch sich die einstige Einteilung der Aufbauten nur noch schwer nachvollziehen lässt.
Auf halbem Weg zur Burg, vom Neudahner Weiher ausgehend, liegt eine gefasste Quelle, die genau unterhalb des Burgbrunnens entspringt und schon im Mittelalter benutzt worden sein dürfte. Nicht weit davon befindet sich im Fels eine bis heute nicht entzifferte Inschrift mit der Jahreszahl 1535.

Ansicht von Osten

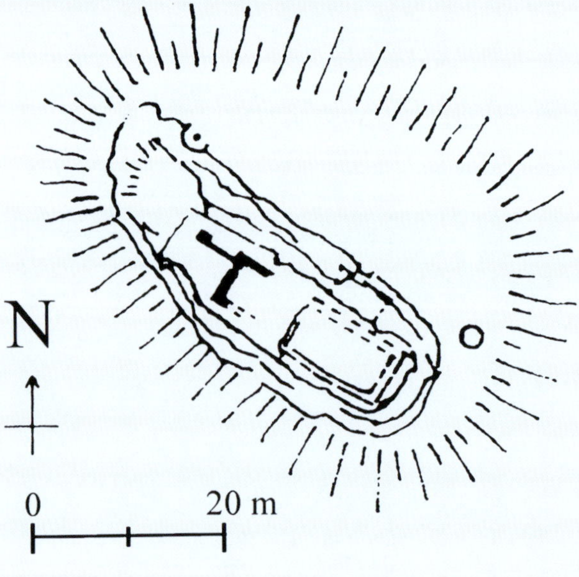

Burg Neukastel

Über der Ortschaft Leinsweiler liegt auf beherrschendem Bergkegel und über einer alten Straße die heute unscheinbare Burg Neukastel. Der Zeitpunkt ihrer Erbauung ist nicht bekannt; ein römischer Vorgängerbau, der von der älteren Forschung auf Grund des Namens angenommen wurde, lässt sich weder durch archäologische noch historische Quellen belegen.

Bereits seit der ersten Hälfte des 12. Jahrhunderts ist ein Geschlecht von Neukastel mit dem 1123 als Zeugen genannten Heinrich von Neukastel nachweisbar. Gegen Ende des 12. Jahrhunderts liegt die Blütezeit des insgesamt kurzlebigen Neukasteler Geschlechtes, das am Ende des 13. Jahrhunderts aus der Geschichte verschwand. Burg Neukastel selbst war 1246 anlässlich des Aufenthaltes König Konrads IV. auf dem Trifels durch die Frau des Reichstruchsessen Philipp I. von Falkenstein, Isengard, zusammen mit den Reichskleinodien und anderen Burgen an den jungen staufischen Herrscher übergeben worden, zählte also spätestens in dieser Zeit zu den Reichsburgen.

1252/55 benannte sich Ludwig von Schüpf nach der Burg, was augenscheinlich mit seiner Tätigkeit als Landvogt im Speyergau (belegt 1232) zusammen hing. 1310 übergab König Heinrich VII. die Landvogtei im Speyergau an Graf Georg von Veldenz mit der Bedingung, innerhalb von eineinhalb Jahren 1.200 Pfund Heller für die Reichsburgen Trifels und Neukastel zu verwenden. Zwanzig Jahre später verpfändete Kaiser Ludwig der Bayer die Burg neben zahlreichen anderen Objekten für 6.000 Mark Silber an die Pfalzgrafen Rudolf II. und Ruprecht I. Noch 1353 in einer innerfamiliären pfalzgräflichen Teilung als Reichslehen behandelt, sorgten Unterverpfändungen dafür, dass Neukastel seit 1410 als pfälzisches Eigengut behandelt und zum pfalzgräflichen Amtssitz mit eigenen Amtleuten wurde.

Die im Bauernkrieg 1525 und im Dreißigjährigen Krieg beschädigten Gebäude wurden durch die Herzöge von Pfalz-Zweibrücken teilweise wiederhergestellt. Ein grundlegender Neubau – belegt ist ein rondellartiges Verteidigungswerk für Geschütze zur Sicherung der Toranlage – kam aber in den Wirren des Dreißigjährigen Kriegs nicht zur Ausführung. Seit Ende des 17. Jahrhunderts und der Zerstörung durch französische Truppen ist die Anlage endgültig Ruine.

Burgruine Neukastel zeigt heute neben dem die Anlage dominierenden Burgfelsen nur noch ganz geringe Reste von aufgehendem

Ansicht des Burgfelsens von Nordwesten. Aquarell von Fritz Bamberger, 1864

Mauerwerk. Das teilweise aufgeschüttete Gelände der verhältnismäßig großen, wohl aus staufischer Zeit stammenden Unterburg lässt heute noch den ehemaligen Verlauf der Ringmauer erahnen, von der sich bis auf ein paar Steinlagen im Süden nichts erhalten hat. Im Erdreich sind noch einige Fundamentreste zu erkennen, darunter auch die Geländevertiefung eines Brunnens. Ursprünglich war die Unterburg nahezu rundum mit an die Ringmauer angelehnten Häusern bebaut. Auch der Burgfelsen selbst, in dem sich noch auf Unterburgniveau eine wohl nicht fertig gestellte Felskammer mit herausgehauener Mittelsäule befindet, besaß an allen Seiten Anbauten, wie Balkenlöcher und Vorrichtungen für Viehstände in der geglätteten Felswand belegen.
An der nördlichen Felswand ist noch deutlich die aufsteigende, ehemals durch Tore zu versperrende Rampe des alten Zugangs zu sehen. Rechts davor zeigen sich das in den Felsen geschlagene Halbrund eines Treppenturms mit den Lagerrinnen der Wendeltreppenstufen

und daneben eine rechtwinklig im Fels abgehende Ecke eines späteren Querbaus.

Auf die Felsplattform gelangt man heute über eine leiterartige Holztreppe, die sich an der Stelle befindet, wo früher ein rechteckiger Turm stand. Die Plattform selbst weist keine Mauern mehr auf. Zu sehen sind noch der aus dem Fels herausgehauene Zugang in den Keller eines ehemaligen Wohngebäudes sowie die Fundamentlager von dessen Mauern an den Felsrändern. Eine in den sechziger Jahren freigelegte Zisterne ist heute verschüttet.

Nordwestteil des Oberburgfelsens mit Aufsatzspuren

Ansicht von Südosten

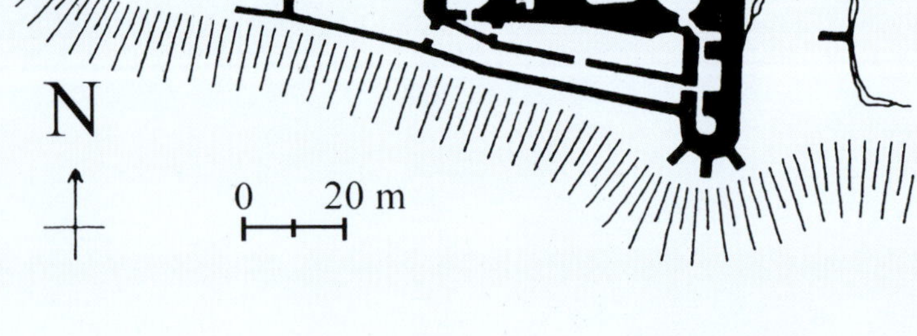

Burg Neuscharfeneck

Burg Neuscharfeneck gehört zu den interessantesten Wehranlagen in der Pfalz. Eine genaue Angabe der Gründungszeit ist allerdings auch hier nicht möglich. Die weithin verbreitete Ansicht, sie sei bereits in der ersten Hälfte des 13. Jahrhunderts errichtet worden, kann nur durch einige in das spätere Neuscharfeneck einbezogene Bauteile, insbesondere durch ein spitzbogiges Tor der Unterburg, gehalten werden. Belege aus den Schriftquellen fehlen dagegen vollständig. Bei der immer wieder als entscheidendes Detail angeführten Nennung eines Johann von Scharfeneck in einer Königsurkunde Heinrichs (VII.) von 1232 handelt es sich tatsächlich um eine Fälschung.

Dennoch wird Neuscharfeneck wenig später als in der Mitte des 13. Jahrhunderts erbaut worden sein, wie ein Blick auf die Besitzerfamilie verrät. Das Geschlecht von Scharfeneck entstammte dem bekannten Reichsministerialengeschlecht von Scharfenberg, das seinen Stammsitz auf Burg Scharfenberg neben dem Trifels hatte. Vor 1219 gründete Heinrich von Scharfenberg in der Nähe von Frankweiler eine eigene Burg für seine Nachkommen, die unter dem Namen Scharfeneck zum Sitz einer gleichnamigen Seitenlinie wurde. Während die Scharfenberger Hauptlinie nach 1305 ausstarb, bestand die Scharfenecker Familie weiter und errichtete eine zweite, nun Neuscharfeneck genannte Anlage.

Um die Wende zum 14. Jahrhundert kam die neue Burg an den Ritter Johann von Metz, der eine Scharfenecker Tochter geheiratet hatte und bald nur noch unter diesem Namen auftrat. 1363 musste Johann IV. von Scharfeneck Pfalzgraf Ruprecht I. das Öffnungsrecht an der Burg einräumen und ihn als Lehnsherrn anerkennen. Als Truchsess Friedrich von Scharfeneck 1416 ohne Leibeserben starb, fielen Burg und Herrschaft an Kurpfalz.

In der zweiten Hälfte des 15. Jahrhunderts ließ Pfalzgraf Friedrich I., der Siegreiche, die bisher eher bescheidene Wehranlage zu einer der modernsten Anlagen ihrer Zeit im süddeutschen Raum ausbauen. Nach Ausweis des Baubefundes wurde vor allem die heute noch in großen Teilen erhaltene gewaltige Schildmauer errichtet, deren zahlreiche Kammern zur Aufnahme moderner Geschütze bestimmt waren. Bedeutsamer als die Modernisierung der Burg war allerdings die Übertragung von Burg und Herrschaft an den natürlichen (= nichtehelichen) Sohn Friedrichs, Ludwig von Bayern. Ludwig, später als recht-

mäßiger Sohn anerkannt und 1494 in den Grafenstand erhoben, wurde zum Gründer der neuen Linie Löwenstein-Scharfeneck, welche von nun an im Besitz der Burg blieb.
Das beginnende 16. Jahrhundert war geprägt von dauernden Streitigkeiten der Grafen mit den Bauern der umliegenden Dörfer wegen Waldnutzungsrechten, die 1525 im Bauernkrieg eskalierten. Neuscharfeneck wurde von aufgebrachten Bauern geplündert und ausgebrannt. Die schlossartig wiederhergestellten und umgeformten Gebäude überlebten die Zeit des Dreißigjährigen Krieges nicht.
Das heutige Erscheinungsbild von Neuscharfeneck wird durch die fast 60 Meter lange und noch etwa 20 Meter hohe, mehrfach grundlegend umgebaute Schildmauer, deren letzte Bauphase aus der Zeit um 1530 stammt, dominiert. Im südlichen Halbturm sitzt ein wieder vermauertes Tor aus jener Zeit mit Rundbogen und profilierter Laibung. Im Verlauf der Schildmauer zeigen sich noch weitere, teils zugesetzte Toröffnungen nebst nur wenigen, durchweg für Geschütze vorgesehene Aussparungen.
Entlang den Zwingermauern führt der Burgweg zur Vorburg mit einem spitzbogigen, in einem Mauerverband aus Buckelquadern in Zweitverwendung sitzenden Tor. Noch in den sechziger Jahren des 20. Jahrhunderts waren innerhalb eines auf Konsolen ruhenden Stichbogenfrieses die Kragsteine eines Gusserkers zu sehen. Den Burgzugang schützte der Flankierungsturm dicht neben dem Tor. Der heute leer geräumte Hof der Vorburg war zum Teil von einem großen Wirtschaftsgebäude ausgefüllt worden, dessen äußere Giebelseite noch fast in voller Höhe erhalten ist.
Vom südlichen Zwinger aus führt der Weg in den inneren Zwinger und durch einen im 15. Jahrhundert geschlagenen Felsdurchbruch in den Bereich der ehemaligen Unterburg, deren ältester Zugang sich als kleine spitzbogige Pforte erhalten hat. Im Burghof ist noch die ehemalige Einteilung der hochmittelalterlichen Felsenburg in die wohl schon im Spätmittelalter abgetragene Oberburg auf mit Buckelquadern verblendetem Burgfelsen und in den früher mit Wirtschaftsgebäuden umstandenen Hof der Unterburg zu erkennen. Auch der alte, erhöht liegende Eingang mit einer Felskammer, die Zugang zum Burgbrunnen und zur Oberburg gewährt, ist erhalten geblieben. Vom großen Palas aus dem 15./16. Jahrhundert, der im Osten gegen die Schildmauer stößt, stehen noch einige Reste der Nordwand mit Zugängen zu Abortanlagen und ein Standerker mit Ansätzen eines Kreuzrippengewölbes. Die westliche Giebelwand dieses sehr langen

Tor zur Vorburg mit Flankierungsturm und Wohngebäude. Aquarell von Fritz Bamberger, 1865

Tor zur Vorburg mit Flankierungsturm und Wohngebäude (heutiger Zustand)

Blick durch das Tor der Vorburg zur Palasruine. Lithographie von Karl Knell, um 1830

Gebäudes besaß als architektonische Besonderheit einen Söller, der leider zusammen mit der Giebelwand Anfang der achtziger Jahre des 20. Jahrhunderts fehlerhaft restauriert worden ist.
Der Aufgang zur eingeebneten Plattform auf der Schildmauer liegt im Zwinger hinter einem Felsdurchgang. Entlang einem am südlichen Eckverband noch erhaltenen älteren Schildmauerstück läuft im Anschluss an eine Schießkammer ein gedeckter Gang zu einer rückseitigen Öffnung des Bauwerks und eine Treppe hinauf zu einer weiteren Geschützkammer. Ungeklärt ist bis heute die kellerartige Vertiefung mit Zwischenwand und Zugang zu einer auf Grabenniveau gelegenen Felskammer. Eine weitere Geschützkammer befindet sich in der nördlichen Schildmauerhälfte, wo sich von der älteren Schildmauer noch Reste des nördlichen Eckverbands erhalten haben.
Im schmalen Gang zwischen Palas und Zentralfelsen wurde die Stele eines Laufbrunnens aufgestellt. Sie zeigt neben anderen das Wappen der Grafen von Löwenstein-Scharfeneck und die Jahreszahl 1564.

Blick durch das Tor der Vorburg zur Palasruine

Ansicht von Südwesten

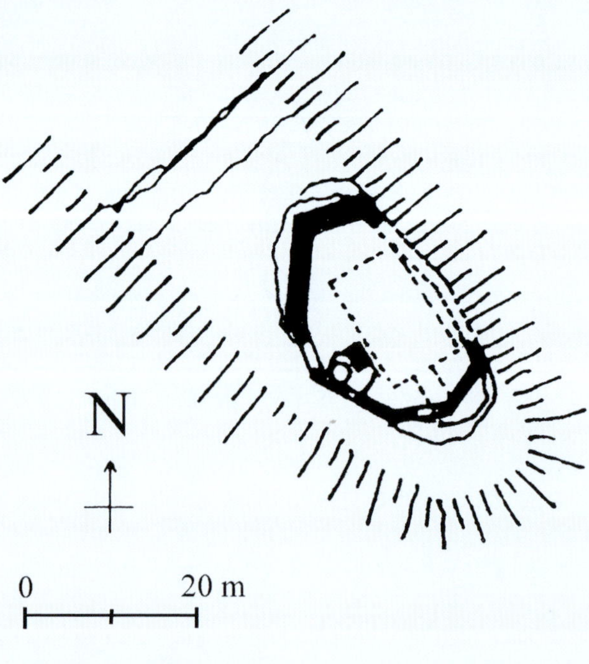

Ramburg

Im Jahr 1163 wird ein Dietleib von Ramberg als Zeuge in einer Urkunde des nahe gelegenen Klosters Eußerthal genannt, was man als Ersterwähnung der Ramburg werten darf. Erst 100 Jahre später, 1263, lässt sich in den Schriftquellen ein Schenk Werner von Ramberg nachweisen, der dieses Hofamt aber nicht in Verbindung mit den Reichshofämtern auf dem Trifels, sondern am Hof des Bischofs von Speyer versah.
Wie sich aus der Überlieferung der Folgezeit erhellt, fiel die Ramburg unter die Reichsbesitzungen, war also eine Reichsburg. Das Ramberger Geschlecht gehörte wohl ursprünglich der Speyerer Ministerialität an, ist aber – was durchaus üblich war – auch im Reichsdienst anzutreffen. Damit korrespondiert, dass die Familie 1282/92 Reichslehen in Gommersheim und Freisbach besaß. Für 1351 ist Hugo von Ramberg als Vasall der Speyerer Kirche belegt, und sieben Jahre später gelang es den Pfalzgrafen, sich von eben diesem Hugo und seinem Bruder Werner von Ramberg das Öffnungsrecht auf der Ramburg zu verschaffen.
Noch 1442 bestätigte König Friedrich IV. (der spätere Kaiser Friedrich III.) dem Hans von Ramberg seine Reichslehen und betonte die Reichsunmittelbarkeit von Burg und Familie. 1519 verkauften Hans von Ramberg und seine Ehefrau ihre Burg nebst den Patronatsrechten an der Ramberger Heilig-Kreuz-Kapelle an Philipp und Wolfgang, Kämmerer von Dalberg, weil sie nicht mehr in der Lage waren, die Anlage zu unterhalten. Mit Hans' Tod 1520 starb die Ramberger Familie aus. Im Bauernkrieg 1525 wurde die Burg vom Kolbenhaufe eingenommen; ob sie dabei Beschädigungen erlitt, ist unbekannt. Nur wenige Jahre danach verkauften die Dalberger die Ramburg und das Dorf für 4.000 Gold- und 300 Silbergulden an Graf Friedrich von Löwenstein-Scharfeneck. Nachdem am 31. Mai 1560 zwei Blitzschläge den Wohnbau getroffen hatten und das ausgebrochene Feuer nicht gelöscht worden war, wurde die später wieder instand gesetzte Anlage nicht mehr saniert und spätestens seit dem Beginn des 18. Jahrhunderts als Steinbruch genutzt. Seit 1971 vorgenommene Renovierungsmaßnahmen sind nicht immer glücklich verlaufen.
Die oberhalb des Ortes Ramberg auf hohem Berg gelegene Ramburg präsentiert sich noch heute als kleine, sehr geschlossene Wehranlage, die nach Ausweis von Form und Verarbeitung der Buckelquader groß-

Ansicht von Süden. Lithographie von Karl Knell, um 1830

teils in der Zeit von 1200–1250 entstanden sein dürfte. Ein kurzer, künstlich geschaffener Graben mit einer Viehtränke trennt den etwa 10 Meter hohen, 30 Meter langen und 20 Meter breiten Burgfelsen vom Gelände ab. Dahinter lag wahrscheinlich die Unterburg mit dem alten Burgtor. Vorrichtungen zum Anschirren von Tieren an der geglätteten Südwand des Felsens lassen auf angelehnte Stallgebäude schließen.

Zur Oberburg gelangt man auf der vom Eingang entfernten, zum Tal gerichteten Burgseite. Eine noch mittelalterliche Felstreppe – die heutige Treppe ist modern – beginnt links vom Kellereingang in etwa zwei Metern Höhe und führt auf ein Felspodest und durch eine Felspforte in den Vorraum des Burgbrunnens. Von der Brunnenkammer konnte man nur über eine abnehmbare Holztreppe in das Burginnere gelangen. Möglich ist, dass der nachträglich veränderte Felsaufgang mit der Pforte in den schachtartigen Felskeller erst entstand, als der Brunnen gebohrt wurde.

Die einstige Oberburg bestand wohl nur aus einem einzigen Wohngebäude. Möglicherweise wegen des geringen Platzangebots hat man

auf einen Turm verzichtet und statt dessen die der Angriffsseite zugewandte Schmalseite des Palas verstärkt und schildmauerartig überhöht. Die 1903 wegen Baufälligkeit um mehrere Meter auf die heutige Höhe von 18 Metern abgetragene Mauer mit gut sichtbarer Stockwerkseinteilung verkleiden vorzüglich gesetzte Buckelquader. Der Palas verbarg sich dahinter mitsamt seinem Dach. Es stehen davon noch hoch aufragende Wandstücke, deren Zwischenräume einst durchfenstert waren.
Eine weitere Besonderheit stellt ein 18 Meter langer und 10 Meter breiter Felsenkeller mit zwei mächtigen Felsstützen dar.

Brunnenschacht in der Oberburg

Ansicht von Süden

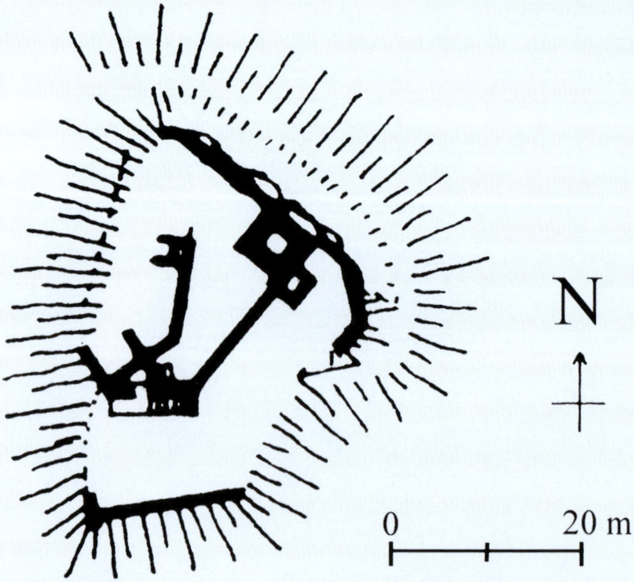

Burg Scharfenberg

Burg Scharfenberg erhebt sich auf dem südlichen der drei burggekrönten Berggipfel über Annweiler. Mitglieder eines Burgmannengeschlechtes von Scharfenberg sind seit der Mitte des 12. Jahrhunderts bekannt. Der erste sicher belegte Vertreter der Familie von Scharfenberg ist der Reichsministeriale Berthold (I.), der sich von 1154–68 nachweisen lässt. Seine drei Söhne Konrad, Heinrich und Berthold (II.) setzten das Geschlecht fort und führten es zu einer kurzen Glanzzeit. Zur bedeutendsten Persönlichkeit wurde Konrad als Bischof von Speyer und Metz sowie Kanzler unter den Kaisern Otto IV. und Friedrich II. Sein Bruder Heinrich begründete nach dem Bau einer neuen Burg, Scharfeneck, eine gleichnamige neue Linie.
Burg Scharfenberg verblieb in den Händen des dritten Sohnes, Bertholds (II.). Mit seiner Frau Demut hatte Berthold II. drei Söhne, unter denen Konrad (I.) wohl der älteste war. Von den zwei anderen Brüdern, die beide den Namen Berthold trugen, schlug der ältere Berthold frühzeitig den Weg einer geistlichen Karriere ein, wobei er es bis zum Domkantor in Speyer brachte. Nach dieser dritten nachweisbaren Generation scheint die Familie der Scharfenberger nur noch für kurze Zeit weiterbestanden zu haben. Der letzte bekannte Vertreter, Peter von Scharfenberg, kaufte 1297 ein Burghaus auf Burg Altleiningen von Philipp, dem Sohn des Mainzer Kämmerers. Die Teilnahme Peters von Scharfenberg an einem auf Bitten des königlichen Landvogtes im Speyergau, Raugraf Georg I., einberufenen Königsgericht im Jahre 1305 in Lautern ist die letzte Erwähnung eines Angehörigen des Scharfenberger Geschlechtes.
Burg Scharfenberg kam daraufhin auf ungeklärte Weise für nicht einmal zwei Jahre an Johannes von Chalons, bevor König Albrecht das rückerstattete Reichslehen 1307 an seinen Hofprotonotar Nikolaus Bernhoh von Speyer übertrug. Elf Jahre später veräußerte Nikolaus die Anlage für 900 Pfund Heller an den Speyerer Domdekan Erpf von Ingenheim sowie an die Ritter Peter von Arzheim und Emich Wollschläger. Mit dem Verkauf Scharfenbergs für 1.100 Pfund Heller durch Simon von Mühlhofen kam die Anlage an das Kloster Weißenburg, das sich das Reichslehen für mehr als einhundert Jahre zu erhalten wusste. 1336 setzte Pfalzgraf Ruprecht I. in kaiserlichem Auftrag den Weißenburger Abt Johannes formal in den Besitz ein, der dem folgenden Abt Eberhard nochmals durch den Kaiser bestätigt wurde.

Oberburgfelsen mit Bergfried von Norden. Lithographie von Jacques Rothmüller, vor 1839

Im 15. Jahrhundert ausgebrochene Streitigkeiten zwischen dem Kloster, den Herzögen von Pfalz-Zweibrücken und der pfalzgräflichen Hauptlinie um den Besitz der Burg, die Ende des Jahrhunderts bereits unbewohnt war, konnten nicht endgültig geklärt werden. Nach einer

Ansicht des Bergfrieds von Norden

gründlichen Zerstörung während des Bauernkrieges 1525 wurde die Ruine nicht mehr aufgebaut. 1992/93 fanden umfangreiche Erhaltungs- und Sicherungsmaßnahmen statt, die sich auf die Süd- und Ostseite der Oberburg konzentrierten.

Scharfenberg ist wahrscheinlich in der ersten Hälfte des 12. Jahrhunderts erbaut worden, wobei die vorhandenen Reste jedoch der Zeit nach 1200 entstammen. An der Burg führten zwei wichtige Wege vorbei: eine Höhenstraße vom „Zollstock" über die Trasse der heutigen Trifelsstraße und hart an der Burg vorbei ins Gossersweilerer Tal, eine weitere durch das Leinsweilerer Tal zur Falkenburg und weiter nach Lothringen.

Die auf einem fünfeckigen eingeebneten Felsen in Gipfellage postierte Kernburg zeigt die typischen Merkmale einer stauferzeitlichen Frontturmanlage mit einem gegen den Burggraben hin in die Ringmauer integrierten Turm und einem zur Angriffsseite quer gestellten Palas. Zumindest teilweise verlief ein derzeit insbesondere im Norden noch bemerkenswerter ausgemauerter Graben.

Felsentreppe zwischen Ober- und Unterburg

Die meisten Teile der Unterburg stecken noch im Schutt der Zerstörungszeit und sind kaum erforscht. Im 19. Jahrhundert waren von den jetzt sämtlich verschwundenen Toren noch drei vorhanden, davon eins mit Vorrichtung für eine Zugbrücke. Die Ringmauer aus dem 14. oder 15. Jahrhundert besitzt heute nur noch auf der Ostseite der Burg eine beträchtliche Höhe und Konsolsteine, ansonsten liegt sie bis auf wenige aufsteigende Steinlagen mit ihren Fundamenten unter Schutt. Im ehemals wohl von Wirtschaftsgebäuden umsäumten Burghof fällt der an den Fels stoßende Stumpf eines quadratischen Turms mit unterschiedlich großen Buckelquadern mit Zangenlöchern auf, der noch fast bis zum Niveau der Oberburg hinaufreicht. Allgemein wird er für einen Brunnenturm gehalten, obwohl es dafür keine historischen Belege gibt.

Die Treppe zum Aufgang in die Oberburg ist modern und entspricht in ihrer Überbreite keinesfalls dem Urzustand. Wie sich nach dem Einsturz der – ebenfalls nicht historischen – Vorgängerkonstruktion im Winter 1993/94 gezeigt hat, war der ursprüngliche Aufgang unterhalb der Pforte unterbrochen. Bedauerlicherweise ist eine relativ problemlose Restaurierung zugunsten eines viel zu aufwändigen Neubaus unterlassen und der Originalbefund zerstört worden.

Wie häufig bei Felsenburgen durchstößt der weitere Burgaufgang auch bei Scharfenberg den Felsen und führt in den einst recht engen Hof der Oberburg. Die ehemaligen Wohnbauten und ihre Eingänge sind zum größten Teil verschwunden. Abbildungen aus dem 19. Jahrhundert zeigen noch ansehnliche Reste von Bauteilen, so eine durch eine Tür durchbrochene Zwischenwand mit Konsolsturz.
Einzig der Turm reicht mit zwanzig Metern fast bis zur vollen Höhe empor. Seine Südwestkante und der Eingang in etwa zwölf Metern Höhe sind erneuert worden. Die Verkleidung mit Buckelquadern, im oberen Bereich mit Zangenlöchern, lässt die Bauzeit im 13. Jahrhundert vermuten. Ungewöhnlich sind die schlanke Gestalt des Turms und sein innerer Aufbau: Unmittelbar hinter der Eingangstür öffnet sich ein Schacht, der nach oben in einen ehemals zweigeschossigen Raum führt.

Quadratischer Turmstumpf in der Unterburg

Ansicht von Nordwesten

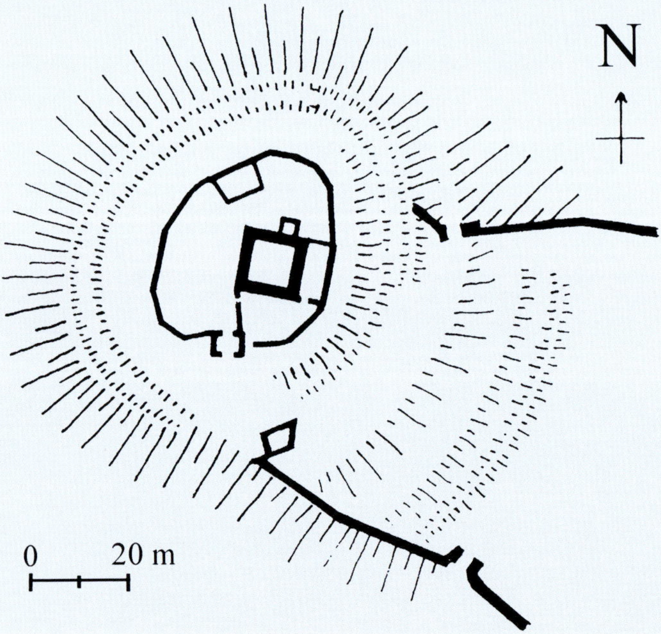

„Schlössel“

Bereits im 9./10. Jahrhundert wurde auf einem Ausläufer des Treitelsbergs auf einem Gelände von ca. 220 auf 100 Metern eine großräumige Fliehburg errichtet. Um 1030/60 folgte dieser wohl nie genutzten Ringwallanlage eine relativ kleinräumige Befestigung, die sich im Nordwestbereich einer natürlichen, mit Erde angeböschten Felskuppe bediente.

Über diese hochmittelalterliche Burg fehlt jede historische Nachricht, selbst der ursprüngliche Name ist unbekannt. Versuche der älteren Forschung, die Anlage mit dem urkundlich erwähnten „Walahstede“ gleichzusetzen, sind nachweislich ebenso falsch, wie es sich bei den landläufigen Bezeichnungen „Waldschlössel“ und „Schlössel“ letztlich um frei erfundene Namensgebungen des 19. Jahrhunderts handelt. Auch die aus Brandbefunden resultierende Annahme, das „Schlössel“ sei 1168 von Kaiser Friedrich I. Barbarossa zerstört worden, ist eine belegfreie Spekulation.

Kurz vor der Jahrhundertwende zum 20. Jahrhundert begann Christian Mehlis mit – heute nicht unumstrittenen – Untersuchungen des Schutthügels auf dem Treitelsberg und legte zwischen 1899 und 1903 insbesondere die Reste eines qualitätsvollen Wohnturms mit Abortschacht sowie eine Ringmauer mit Toranlage und angelehnten Wohngebäuden frei. Erst die planmäßigen Grabungen 1935 und seit 1988 lieferten differenzierte Ergebnisse.

Das „Schlössel“ zählt zu den fast unverändert erhaltenen salierzeitlichen Anlagen Deutschlands. Nach derzeitigem Forschungsstand lassen sich drei Bauphasen unterscheiden, die jeweils durch Zerstörung endeten. Die erste Phase zog sich wohl über etwa drei Jahrzehnte hin und endete in den sechziger Jahren des 11. Jahrhunderts. Die zweite, wohl bedeutsamste und auf das letzte Drittel des 11. Jahrhunderts datierte Nutzungsphase umfasst wiederum ungefähr drei Jahrzehnte; ihr folgt die letzte Periode, die mit der endgültigen Zerstörung der Burg durch Brand im 12. Jahrhundert endete. Offensichtlich wurde die Ruine nach ihrer Zerstörung nicht wiederhergestellt.

Man betritt die Burg durch die Reste eines mit großen Quadern errichteten Torturms, in dessen vordere Torwangen bei Restaurierungen im 20. Jahrhundert irrtümlich zwei Türgewände eingefügt worden sind; eines davon ist kürzlich versehentlich entfernt worden. Der sich dahinter öffnende geräumige Wirtschaftshof wird von einem quadratischen

Reste der Torturmanlage mit dahinter liegendem Wohnturm

Wohnturm mit angebautem Vorbau und Abortschacht dominiert. Über eine moderne Treppe gelangt man zunächst in den zum Schutz des Eingangs angelegten Vorbau. Der heute über eine Eisentreppe zugängliche Turm mit den Seitenlängen von 13 Metern steht nach Aufmauerungen noch sechs Meter hoch, besaß aber ursprünglich vier oder fünf Stockwerke. Der angrenzende Abortschacht mit originaler Entsorgungsöffnung weist an seinen Eckverbänden vereinzelt Steine mit salischem Fischgrätenmuster auf.
Mindestens ebenso viel Interesse verdienen aber die Grabungsbefunde im Hof, die einen relativ hohen Lebensstandard dokumentieren. Zwar sind die meisten Bodenfunde aus konservatorischen Gründen wieder mit Erdreich bedeckt worden, so dass der Besucher sich nur vom augenblicklichen Stand der Ausgrabungen ein Bild machen kann, doch belegen mehrere gefundene Feuerstellen im Wirtschaftshof vielfältiges Handwerk; sogar Goldschmiedekunst wurde nachgewiesen.

Fischgrätenmuster an der Eckverquaderung des Abortschachts

Von den zahlreichen Gebäuderesten konnten ein Steinhaus, eine Schmiede, ein Badehaus mit den Resten einer Warmluftheizung (Heißluftkanal und Ofen) und im oberen Teil des Hofs ein Küchenbau in Fachwerkbauweise mit gemauertem Herd und vorgelagertem Backofen nachgewiesen und identifiziert werden. Alle diese Befunde lassen auf die ehemals außergewöhnliche Bedeutung der Burg schließen, können aber nicht abschließend klären, ob das „Schlössel" tatsächlich eine (Hoch-)Adelsburg oder möglicherweise eine Reichsburg war.

Ansicht von Westen

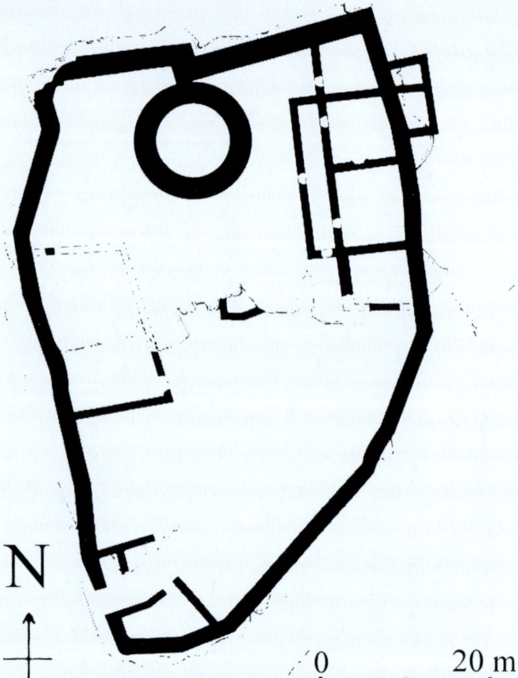

„Steinenschloss“

Das „Steinenschloss“ ist eine der Burgruinen, von denen trotz aller Spekulationen keinerlei konkrete Hinweise aus der schriftlichen Überlieferung vorhanden sind; nicht einmal der originale Burgname ist bekannt. Die seit dem Beginn des 20. Jahrhunderts gebräuchliche Bezeichnung „Steinenschloss“ ist eine Namensübertragung von der nach 1550 verlassenen Ortschaft „Steegen“ (daher auch Steegener Schloss), der daneben angeführte Name „Atzenstein“ ein Rückgriff auf einen eingegangenen Hof nahe der Burg.
Für die landläufige Annahme, dass schon um 1100 am Südrand des später „Lauterer Reiches“ genannten Gebietes am Zusammenfluss von Rodalbe und Schwarzbach eine Befestigungsanlage erbaut wurde, fehlt jeder Beleg. Ganz ähnlich verhält es sich mit der immer wieder ins Feld geführten angeblichen Zerstörung durch Truppen Kaiser Friedrichs I., der 1168 die Stammburg der Grafen von Saarbrücken sowie drei andere, ungenannte Anlagen zerstören ließ. Ob das „Steinenschloss“ darunter war, ist völlig ungewiss. Lediglich die archäologisch belegte Tatsache, dass die Burg im 12. Jahrhundert gewaltsam zerstört und wohl auch nicht wieder aufgebaut wurde, gibt einen Fingerzeig auf seine Frühgeschichte.
Die Burg verfiel im Laufe der Jahrhunderte immer mehr und diente noch bis ins späte 19. Jahrhundert als willkommener Steinelieferant. Den ersten Ausgrabungen durch Christian Mehlis 1896/97 folgten in den 1950er Jahren und ab 1968 weitere Freilegungsarbeiten. Die dabei bis 1998 vorgenommenen Wiederaufbauten (Restaurierung des Eingangstors, Erhöhung der Ringmauer und Aufmauerung des Rundturms auf eine Höhe von zehn Metern) haben das Erscheinungsbild der Ruine verändert.
„Steinenschloss“ ist neben dem „Schlössel“ die zweite Burganlage in der Pfalz, die nahezu unverfälscht einen Wehrbau der spätsalischen Burgenbauepoche überliefert. Die Burg liegt auf einer nach drei Seiten abfallenden Bergzunge mit einem heute teilweise verfüllten Halsgraben und schildmauerartigem Ringmauerteil gegen die Bergseite. Der Bering bildet ein im Gelände nach Süden abfallendes Oval mit abgeflachter Nordseite von etwa 80 Metern Länge und 46 Metern Breite.
Das Eingangstor war über eine Brücke erreichbar. Die ehemalige Brückenauflage ist im Felsblock vor dem Tor noch vorhanden, die

Abortschachtöffnung des Wohnbaus

heutige Brücke aber steht zu steil. Hinter dem restaurierten Torbogen schließen sich beiderseits Räume an, wovon einer sicherlich als Wachstube gedient hat.

Die Ringmauer besitzt eine Stärke von durchgehend 1,80 Meter. An ihrer Innenseite standen in der noch nicht freigelegten unteren Burg verschiedene Gebäude. Eine größere rechteckige Zisterne ist in den Fels zum oberen Teil der Burg eingehauen.

Die nördliche Zone der Burg wird vom mächtigen runden Bergfried aus dem 12. Jahrhundert beherrscht. Er steht frei, ist jedoch dicht an der Ringmauer errichtet worden. Sein enormer Durchmesser von 13 Metern bei einer Mauerstärke von 2,50 Meter lässt auf einen Wohnturm schließen. Die heutige Turmruine ist allerdings aus Originalfundsteinen in willkürlicher Reihenfolge aufgemauert worden. Diese Buckelquader mit einer Kantenlänge von bis zu 60 cm mit Randschlag sind bemerkenswert groß. Vor dem Turm liegen vier Steine der Eingangspforte, die sich in etwa zehn Metern Höhe befunden hat.

Die architektonische Besonderheit hingegen ist der palasartige Wohnbau neben dem Turm mit 32 Metern Länge und 13,50 Metern Breite und einem zum Hof vorgelegten flurartigen Anbau aus dem Ende des

11. Jahrhunderts mit vier Räumen im Erdgeschoss. Er verfügte über eine Küche mit zwei Herden, einen offenen Kamin und mehrere Kachelöfen. Zwei Abortschächte, davon einer mit noch erhaltener Abflussöffnung, ragen im Osten über die Ringmauer hinaus. Die großen, sorgfältig behauenen Eckquader und Türgewände künden von hoher Bauqualität. An den Abortschächten sind Quader mit salischem Fischgrätenmuster zu sehen.

Blick auf den nördlichen Burgbereich mit rundem Turmstumpf und Resten des Wohnbaus (rechts hinten)

Ansicht von Osten

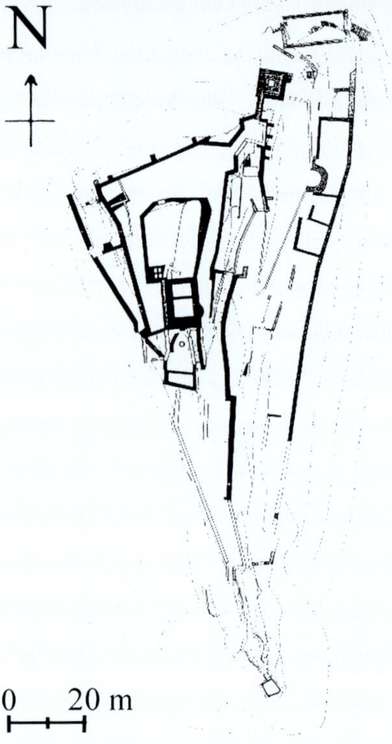

Burg Trifels

Burg Trifels wird erstmals 1081 urkundlich erwähnt, als ein Diemar von Trifels die Anlage nicht König Heinrich IV., sondern dem Gegenkönig Hermann von Salm übergab. Nach Ausweis allerdings sehr spärlicher Funde aus keltischer und römischer Zeit könnte es schon zu dieser Zeit eine Bebauung auf dem vordersten Gipfel des über Annweiler emporragenden Berggrates gegeben haben. Fest steht jedenfalls, dass zur Zeit der salischen Könige und Kaiser eine Burganlage im eigentlichen Sinn errichtet worden ist.
Im Jahre 1112 übergab der Mainzer Erzbischof den Trifels Kaiser Heinrich V., der die Burg schon ein Jahr später erstmals als Gefängnis nutzen ließ. Bald darauf begann die große Zeit des Trifels, denn ab 1125 wurden hier die Reichskleinodien aufbewahrt und verblieben mit unterschiedlich langen Unterbrechungen bis zum Ende des 13. Jahrhunderts auf der Anlage. 1193/94 diente sie als Haftort für den englischen König Richard I. Löwenherz und wenig später für hochrangige sizilische Gefangene. Darüber hinaus wurde ab 1195 auch der umfangreiche Normannenschatz, der während der Eroberung des Königreiches Sizilien in die Hände der Staufer gefallen war, auf der Burg aufbewahrt. Teile der Einnahmen einer nahe gelegenen königlichen Münzstätte, die spätestens 1219 anlässlich der Stadterhebung Annweilers durch König Friedrich II. begründet worden war, sollten dem weiteren Ausbau des Trifels zugute kommen.
Mit dem Ende des Interregnums nach dem Untergang der Staufer endete auch die glanzvolle Zeit der Wehranlage. Die wohl bereits 1273 von König Rudolf von Habsburg auf die Kyburg in der heutigen Schweiz beorderten Reichskleinodien kehrten nach einem kurzen Zwischenspiel unter Adolf von Nassau nicht mehr zurück. Während der Herrschaft Ludwig des Bayern wurde die Burg 1330 an die Pfalzgrafen Rudolf II. und Ruprecht I. verpfändet und verlor damit faktisch ihren Status als Reichsburg. Nach spätmittelalterlichen Ausbauten und Reparaturmaßnahmen im 16. Jahrhundert brannten große Teile der nur noch mit ärmlichem Inventar ausgestatteten Burg 1602 nach einem Blitzschlag ab.
Dem später einsetzenden Verfall konnte in der Mitte des 19. Jahrhunderts und insbesondere nach Gründung des Trifelsvereins 1866 Einhalt geboten werden. Nach kurzer Grabung und Freilegungsarbeiten 1937/38 begann der Wiederaufbau des Trifels, der zu einer „natio-

Ringmauer und Palas von Norden

nalen Weihestätte" ausgestaltet werden sollte. Erst nach 1945 konnten die nur wenig nach historischen Vorgaben ausgerichteten Baumaßnahmen abgeschlossen werden.
Der Besucher erreicht zunächst auf der Nordostseite den monumentalen, in der späten Stauferzeit erbauten Brunnenturm mit einem 79 Meter tiefen Brunnen. Sein oberer Abschluss – ein Rundbogenfries und abschließende Zinnen wie auch die steinerne Bogenbrücke, die den Turm mit der Kernburg verbindet – ist im 19. Jahrhundert erneuert worden.
Die sich anschließende Ostseite des Burgbergs wird durch eine etwa 50 Meter lange und einen Meter hohe neuzeitliche Ringmauer begrenzt, die in ihrem mittleren Bereich Reste eines halbschaligen Geschützturms aus dem 16. Jahrhundert zeigt. Zwischen Ringmauer und heutigem Waldrand liegen Gebäude- und Mauerreste von Wirtschaftsgebäuden einer Vorburg aus dem 11. und 12. Jahrhundert. Der in zwei Kehren verlaufende Burgweg durchquert zwei Tore, die beide nur noch in Teilen aus dem späten Mittelalter stammen, und führt über eine Treppe vorbei an zwei aus dem Fels gemeißelten Zisternen, die als Viehtränken dienten.
Im Burghof der Kernburg erheben sich der Hauptturm aus der Zeit um 1200 und der neu aufgebaute Palas aus dem 20. Jahrhundert. Der

Ansicht von Nordost. Aquarell von Ludwig Lindenschmit, zwischen 1831 und 1863

eindrucksvolle Turm besitzt in seinen drei unteren Geschossen sorgfältig bearbeitete und für die Stauferzeit typische kissenförmige Buckelquader; das vierte Turmgeschoss wurde erst 1964–66 aufgemauert. Viele Quader der Südseite weisen Wolfslöcher und Steinmetzzeichen auf.

Das Turminnere erreicht man über eine neue Treppe an seiner Südostseite. Vor dem eigentlichen Eingangstor befindet sich ein kleiner Hof mit einer Filterzisterne und der Ruine des so genannten Wachthauses. Das Untergeschoss des Turms ist in zwei Räume mit Kreuzgratgewölben unterteilt, von denen jeweils eine Treppe in der Westmauer in den Vorraum der Kapelle führt. Dieser Vorraum besitzt ein Tonnengewölbe und in der Nordostecke noch ansehnliche Reste eines Kamins.

An der Ostseite des Turms präsentiert sich im ersten Turmstockwerk die aufwändig verzierte, vorgewölbte Apsis der Kapelle als Kapellenerker, der von drei Kopfkonsolen – davon die beiden äußeren alt, die mittlere dagegen vor 1900 erneuert – getragen wird. Sein Buckel-

Kapellenerker am Turm

quadermauerwerk wird oben abgeschlossen durch mehrere Friese und ein Kegeldach, über dem sich eine Sandsteinfigur erhebt. Ob es sich bei dieser Figur tatsächlich um einen Löwen („Trifelslöwe") handelt, bleibt umstritten und letztlich nicht zu klären. Das Innere der auf der Nordseite von zwei Blendbögen ornamental aufgelockerten Kapelle ist, was den Steinschmuck anbetrifft, nicht mehr vollständig. Ihr schweres, im 19. Jahrhundert nach Einsturz erneuertes Kreuzrippengewölbe mit abschließendem geöffneten Schlussstein wurde von Ecksäulen getragen. Das dritte Turmgeschoss beherbergt Nachbildungen von fünf der Reichskleinodien (Krone, Reichsapfel, Szepter, Schwert und Kreuz).

Der von 1938–42 über altem, teils hochmittelalterlichem Mauerwerk aufgeführte Palas ist größtenteils eine völlig freie Schöpfung, die sich an süditalienischen Vorbildern, nicht aber am historischen Baubestand orientiert hat. Auf den alten Grundmauern entstand entgegen der mittelalterlichen Raumeinteilung ein gleichwohl in seiner Monumen-

Brunnenturm von Osten mit erneuerter Brücke

talität beeindruckender Saal über zwei ehemalige Geschosse hinweg. Über eine große Treppe in diesem als „Kaisersaal“ bezeichneten Raum erreicht man die umlaufende, aufwändig durch zahlreiche Säulen gegliederte Galerie im Obergeschoss.
Im Süden des Burghofs weisen in den Fels eingemeißelte Balkennuten und Pfostenlöcher auf eine ehemalige Bebauung hin.

Ansicht von Süden

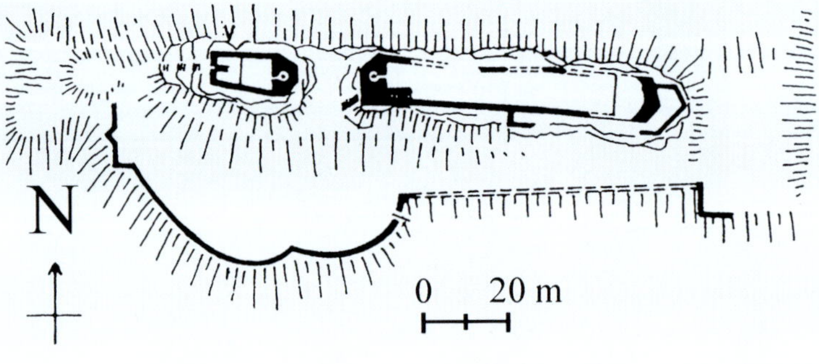

Burg Wasigenstein

Burg Wasigenstein besteht aus zwei baulich deutlich voneinander geschiedenen Anlagen, von denen die östliche („Alte Burg") um 1250/70 erbaut worden sein dürfte. Bauherr war ein gleichnamiges Rittergeschlecht, das aus dem Geschlecht der seit 1161 urkundlich nachgewiesenen Marschälle von Hagenau hervorgegangen ist. Die Söhne Engelhards von Hagenau, Friedrich und Seman, nannten sich erstmals 1270 nach dem Wasigenstein.

1291 leistete Friedrich von Wasigenstein zusammen mit vier anderen Beteiligten finanzielle Bürgschaft für den in lothringische Gefangenschaft geratenen Heinrich von Windstein. Durch die Aufspaltung der Familie in mehrere Linien kam es 1299 und 1306 zu zwei Erbteilungen, deren Texte sich erhalten haben. Im Zusammenhang mit diesen für die Baugeschichte wegen ihres Detailreichtums hoch interessanten Verträgen steht der Ausbau der Stammburg und die Anlage einer „neuen" Burg. Nach dem Aussterben der Familie schon in der Mitte des 14. Jahrhunderts fiel ihr Erbe samt dem Wasigenstein 1350/70 an die benachbarten Herren von Fleckenstein und von Hohenburg.

Die Folgezeit zeigt die Burg im Besitz einer immer zahlreicher werdenden Burggemeinschaft: So finden sich 1463/66 auf der „Alten Burg" zwölf Burggemeiner mit anteiligen Rechten, auf der „Neuen Burg" noch drei, so dass sich insgesamt 15 Besitzer zu dieser Zeit nachweisen lassen. Vielleicht ist dies auch die Ursache dafür, dass die Anlage mehrfach in kriegerische Auseinandersetzungen verwickelt und bis in die zweite Hälfte des 15. Jahrhunderts insgesamt sieben Mal belagert und erobert wurde: erstmals 1385 durch die Herren von Ochsenstein, 1410 durch die Mauchenheimer von Zweibrücken („Alte Burg"), vor 1435 durch Ludwig von Lichtenberg, 1457 durch Pfalzgraf Friedrich I. („Neue Burg"), vor 1464 durch Bischof Johann von Speyer („Neue Burg") und schließlich 1468 nochmals durch die Herren von Lichtenberg („Alte Burg").

Da aus der Zeit nach 1468 schriftliche Belege fehlen, kann man davon ausgehen, dass der Wasigenstein seitdem oder spätestens im 16. Jahrhundert aufgegeben worden ist. 1711 verkauften die Herren von Fleckenstein ihre Besitzungen samt der Burg an Hanau-Lichtenberg. Die 1878 zum geschützten Denkmal erklärten Ruinen genießen noch heute als angeblicher Schauplatz des Kampfes von Walther gegen Gunther und Hagen im Waltharilied besonderen Ruhm. Ob diese Epi-

Ansicht von Südwesten. Lithographie, gezeichnet von Louis-P.- A. Bichebois, lithographiert von Gottfried Engelmann, vor 1828

sode allerdings tatsächlich hier stattgefunden hat, bleibt unsicher. Die Burg liegt an einem der Südwesthänge des Maimonts über dem Langental und erstreckt sich in 300 Meter Höhe über zwei durch schmale Spalten voneinander getrennte Felsriffe, die an der Basis miteinander verbunden sind, ansonsten aber frei stehen. Die östliche Burg ist etwa 50 Meter lang und auf dem Felsen fünf bis acht Meter breit, die westliche Anlage dagegen nur zwanzig Meter lang und acht Meter breit.

Man kommt vom Halsgraben her an die Anlage heran und bemerkt zunächst neben einer ausgehauenen Viehtränke, einer Zisterne und der Zwingeranlage des späten 13. oder frühen 14. Jahrhunderts von der ganzen Burg lediglich die schmale Ostseite des Burgfelsens und darauf den hoch aufragenden Rest eines fünfeckigen Turms, dessen keilförmige Kante zur Angriffsseite gerichtet ist. Erst nach Durchschreiten der Zwingeranlage öffnet sich der Blick auf die beeindruckend mächtige Südwand des östlichen Felsriffs, der „Alten Burg", die in relativer Übereinstimmung mit den Schriftquellen gemäß ihren Stilmerkmalen in der Tat auf eine Entstehung um die Mitte des 13. Jahr-

Blick von Ringmauer und Halsgraben auf die Turmruine der „Alten Burg"

Maßwerkfenster am Wohnturm der „Neuen Burg"

hunderts schließen lässt. Zwei in den Fels geschlagene Aufgänge führen zu dessen Plattform hinauf. Der ältere steigt von Westen her, ehemals mehrfach durch Tore verriegelt, durch einen tunnelartigen Schacht extrem steil hinan. Der spätere, heute nicht mehr benutzbare Aufgang führt auf der Südseite, unten mehrfach umwinkelnd, an der senkrechten Felswand hinauf und bricht in halber Höhe ab. Die weitere Verbindung zur Plattform vollzog ehedem ein heute fehlender Holzsteg. Eine Schildmauer mit Schneckenstiege deckte die Burg gegen die Nachbarburg. In ihrem Schutz verbargen sich die Wohnbauten, von denen sich nur wenig Mauerwerk erhalten hat. Zu sehen sind noch eine freigelegte Filterzisterne, der teilweise eingestürzte Felsenkeller, ein Schacht, in welchen der spätere Aufgang mündet, und der Turmrest.

Die westlich gelegene „Neue Burg" ist im Wesentlichen ein schmaler Wohnturm. Er passt sich so sehr den Geländeformen an, dass seine Westseite beim Bau einen Knick nach innen erfahren hat. Außen hat man das Mauerwerk durchgehend mit Buckelquadern verkleidet, zur östlichen Burg hin durch eine schildmauerartig überhöhte, verdickte dreiseitige Wand ohne jegliche Öffnung. Das bauliche Konzept ähnelt dem der Nachbarburg. Auch hier führte der Weg über eine steile Felsentreppe in einem nach oben offenen Schacht und durch den gewachsenen Felsen hindurch zum Erdgeschoss des Wohnturms. Von

Wohnturm der „Neuen Burg" von Süden

dessen zahlreichen Fenstern hat sich nur noch am westlichen der Gewänderest mit kunstvollem Maßwerk erhalten. Einen großen Teil der Plattform nimmt die Grube einer Filterzisterne ein. Die Nische eines Aborts ist noch vorhanden, der Erker dazu jedoch abgestürzt. Im Innern der schildmauerartig gegen die „Alte Burg" gesetzten Spitze des Turms führt eine Schneckenstiege zum ehemaligen Wehrgang hinauf. Von einem früheren fünften Stockwerk konnte man durch die noch vorhandene Tür ebenfalls auf den Wehrgang gelangen.
Ausgedehnter Trümmerschutt bedeckt den Abhang zwischen Unter- und Oberburg. Die wohl schon aus der Entstehungszeit der älteren Burg stammende Unterburg besaß beträchtliche Ausmaße. Die Bauten lehnten sich vor allem an den Felsen an. Auf der Nordseite der beiden Felsmassive gibt es keine Bebauung. Die beiden Burganlagen erfuhren keine Umbauten für Feuerwaffen, so dass man tatsächlich davon ausgehen kann, dass sie bereits im 16. Jahrhundert keine Bedeutung mehr hatten und aufgelassen wurden.

Ansicht von Norden

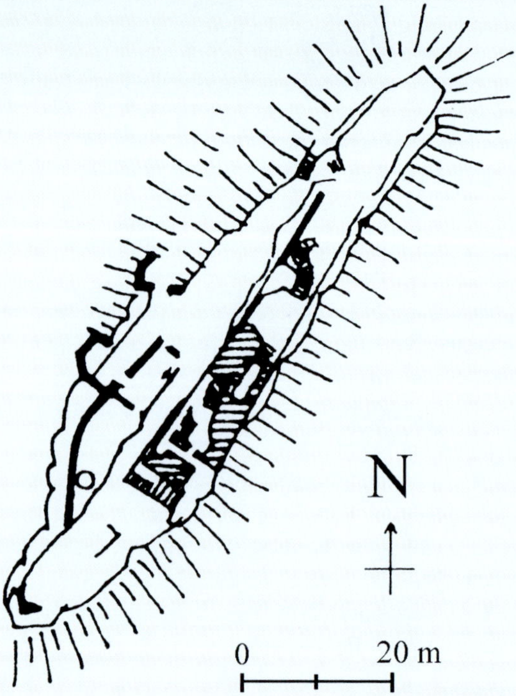

Wegelnburg

Die Wegelnburg ist mit ihrer Lage auf einem 572 Meter hohen Bergrücken oberhalb von Nothweiler und hart an der Grenze zum benachbarten Elsaß die am höchsten gelegene Burg der Pfalz. Ein in einer Königsurkunde Konrads IV. von 1247 erwähnter, zu diesem Zeitpunkt bereits verstorbener B. (= Berthold?) von „Woglenberc", dessen Reichslehen der Herrscher an Graf Friedrich III. von Leiningen vergab, gibt einen ersten Hinweis auf den Entstehungszeitpunkt der Anlage. Es ist aber durchaus unklar, ob die Wegelnburg zu dieser Zeit tatsächlich schon eine Reichsburg war.

Fest steht jedenfalls, dass 1282 (nicht 1272!) auf Veranlassung König Rudolfs von Habsburg Truppen der Stadt Straßburg und des elsässischen Landvogts Otto IV. von Ochsenstein vor die Burg zogen und sie schließlich einnahmen und zerstörten. Jedenfalls seit dieser Zeit gehörte die wiederhergestellte Anlage zu den Reichsburgen, hatte Abgaben zu leisten und beherbergte Reichsministerialen.

Nachdem sie noch 1322 durch König Ludwig den Bayern „zur Pflege zu Hagenau" bestimmt worden war, verpfändete derselbe Herrscher die Wegelnburg zusammen mit vielen anderen Reichsburgen und -städten 1330 an seine beiden Neffen, die Pfalzgrafen Rudolf II. und Ruprecht I. Dieser Besitzwechsel erwies sich als endgültig, denn die Pfandsumme wurde nicht mehr eingelöst. Kurze Zeit später gelangte die Reichspfandschaft Wegelnburg zusammen mit den Dörfern Nothweiler, Hirschthal und Rumbach in den Alleinbesitz Pfalzgraf Rudolfs II., der sie wiederum kurzzeitig den Herren von Flörsheim übertrug. Für die Folgezeit sind zahlreiche Verpfändungen der Burg und des seit dieser Zeit bekannten gleichnamigen Amts überliefert.

Noch im 15. und 16. Jahrhundert ausgebessert, war die Anlage spätestens 1677 schon verfallen, bevor sie 1680 von Soldaten des französischen Generals Montclar gründlich zerstört wurde. Ausgrabungen und nicht immer gelungene Restaurierungs- und Sicherungsmaßnahmen erfolgten seit 1978.

Die Burg ist terrassenartig in drei Zonen eingeteilt. Mittlere und untere Burg erstrecken sich auf der Nordseite eines schmalen, mehr als 90 Meter langen Felsenriffs. Nach Süden hin stürzen Fels und Gelände steil ab und verhinderten somit eine Bebauung. Wegen der umfassenden Zerstörungen von 1689 und der modernen, verfälschenden Aufmauerungen ist der historische Baubestand aber kaum noch nachvollziehbar.

Blick von Nothweiler auf die Wegelnburg. Lithographie, gezeichnet von einem unbekannten Künstler, lithographiert von L[ ] Georges, vor 1865

Auf zwei südwestlich vorgelagerten Felsen standen nach Ausweis weniger Bauspuren früher möglicherweise zwei weitere, kleine Bauten.
Vom Halsgraben aus, dem heutigen Zugang, gelangt man an die äußeren Bereiche der Unterburg mit in jüngster Vergangenheit willkürlich aufgeführten Brüstungsmauern. Am besten hat sich ein spätmittelalterlicher sechseckiger Flankierungsturm mit noch drei Seiten im Untergeschoss erhalten. Drei restaurierte Tore sperrten den Weg zur mittleren und oberen Burg ab.
Im Bereich der mittleren Burg befinden sich zwei Zisternen und der Zugang zu einer großen Felskammer mit zwei rechteckigen Fensteröffnungen. Balkenlöcher an der Wand des Aufsatzfelsens weisen auf ehemals angelehnte Gebäude hin. Die ergänzte Ecke einer Buckelquaderverkleidung aus der ersten Hälfte des 13. Jahrhunderts am Südwestende könnte von einem Turm oder dem unteren Teil einer Schildmauer aus staufischer Bauzeit stammen. Auf der Oberburg erlauben einige ausgehauene Kammern und Durchgänge kaum eine Vorstellung vom ehemaligen Aussehen der Gebäude, die sicherlich beträchtliche Ausmaße gehabt haben.

Modern aufgemauerte Ringmauer der mittleren Burg von Süden

Glossar

Abort

Über die Mauer vorkragende Latrinenanlage in Form eines nach unten offenen Erkers oder durch die Mauer geführter Schacht mit Auslauf- und Ausräumöffnung für Fäkalien

Barbakane

Außenwerk zur Sicherung des Burg- oder Festungstors

Bastion

Zur Flankenbestreichung vorgeschobenes Verteidigungswerk aus Balken, Flechtwerk und Erde (Bollwerk) zur Aufstellung von Geschützen

Batterieturm

Turm mit Schießscharten zur Aufstellung von Geschützen

Bergfried

Verteidigungsfähiger Hauptturm einer Burg mit hoch gelegenem Eingang

Buckelquader

Seit der Antike in den Mittelmeerländern, seit dem 12. Jahrhundert bis zur Renaissance auch nördlich der Alpen verbreitete Verarbeitungsform von Werksteinen mit bearbeiteter Vorderseite und glattem Randschlag unterschiedlicher Breite

Filterzisterne

Zisterne mit brunnenähnlichem Entnahmeschacht in der Mitte. Der Raum zwischen Entnahmeschacht und Grubenwand ist mit Sand und Steinen als Filtermaterial gefüllt, durch den das eingeleitete Wasser in den Schacht sickert.

Ganerbenburg

Burg im Besitz einer Erbengemeinschaft. Davon streng zu unterscheiden ist eine durch Beitritt Außenstehender entstandene Burggemeinschaft („Gemeinerburg")

Gusserker

Über die Mauer vorkragender Erker ohne Boden auf Konsolen zur Bekämpfung von Angreifern durch Ausgießen heißer Flüssigkeit

Halsgraben

Tiefer, meist in den Fels geschlagener Graben auch mit gemauerten Wänden, der die Burg auf einer Bergzunge vom Massiv und damit von der Angriffsseite abtrennt

Interregnum

Zeit ohne einen einmütig gewählten und gekrönten römisch-deutschen König von 1254–1273

Kapitell

Ausladendes Kopfstück einer Säule oder eines Pfeilers als Auflage für Bögen und Balken

Mantelmauer

Ähnlich wie eine Schildmauer gebaut und mit gleicher Funktion, jedoch nicht als selbstständiges Bauwerk angelegt, sondern in die Ringmauer eingebunden

Maulscharte

Maulartig erweiterte Schießscharte für Handfeuerwaffen, oft fratzenartig dekoriert

Ministerialen

Unfreie Dienstmannen eines Dienstherren, darunter von besonderer Wichtigkeit die Reichsministerialen, die dem jeweiligen römisch-deutschen König unterstanden

Palas

Hauptwohngebäude der Burg, meist unterkellert und zweigeschossig mit dem sog. Rittersaal im Obergeschoss als Repräsentationsraum

Schildmauer

Besonders hohe und feste Sperrmauer, welche an die Angriffsseite als meist frei stehendes Verteidigungswerk mit Wehrgang gestellt ist

Schlüsselscharte

Schießscharte mit Querschlitzen und Ausbuchtungen zur Erweiterung des Schussfeldes, zunächst für die Armbrust vorgesehen, dann auch für kleine Handfeuerwaffen

Tankzisterne

Gemauertes oder in den Fels getriebenes Sammelbecken für Regenwasser mit verengter Öffnung.

Wehrgang

Auf der Ringmauer und an Gebäuden geführter Gang für Wächter und Verteidiger mit Brustwehr und Zinnen, bisweilen überdacht

Wolfsgrube

Grube hinter dem Tor, zuweilen in Verbindung mit einer Wippbrücke

Wolfsloch

Keilförmig sich weitendes Loch auf der Lager- oder Außenfläche eines Quaders, in das beim Hochziehen mit dem Baukran die Eisenkeile des „Wolfs“ (Hebewerkzeug) eingesteckt wurden

Zangenlöcher

Künstliche Vertiefungen an Quadern zum Einhaken der Bauzange beim Hochziehen auf die Mauer, in der Regel auf der Vorder- und Rückseite der Steine

Zwinger

Vor oder um die Ringmauer gelegter, durch eine Mauer gedeckter schmaler Verteidigungsabschnitt, bisweilen durch Quermauern mit Toren unterteilt.

Literaturhinweise

P[eter] GÄRTNER, Geschichte der bayerisch-rheinpfälzischen Schlösser und der dieselben ehemals besitzenden Geschlechter nebst den sich daran knüpfenden romantischen Sagen, 2 Bde., Speyer o.J. [1854/55].

Johann G. LEHMANN, Urkundliche Geschichte der Burgen und Bergschlösser in den ehemaligen Gauen, Grafschaften und Herrschaften der bayerischen Pfalz. Ein Beitrag zur gründlichen Vaterlands-Kunde, 5 Bde., Kaiserslautern o.J. [1857–66].

Die Baudenkmale in der Pfalz, ges. u. hrsg. v. d. Pfälzischen Kreisgesellschaft des bayerischen Architecten- und Ingenieur-Vereins, 5 Bde., Ludwigshafen am Rhein 1884–98.

Die Kunstdenkmäler von Stadt und Bezirksamt Neustadt a.H. (Die Kunstdenkmäler von Bayern, Regierungsbezirk Pfalz, Bd. 1), bearb. v. Anton ECKARDT, München 1926. – Die Kunstdenkmäler von Stadt und Bezirksamt Landau (Die Kunstdenkmäler von Bayern, Regierungsbezirk Pfalz, Bd. 2), bearb. v. DEMS., München 1928. – Die Kunstdenkmäler des Bezirksamtes Bergzabern (Die Kunstdenkmäler von Bayern, Regierungsbezirk Pfalz, Bd. 4), bearb. v. DEMS., München 1935. – Die Kunstdenkmäler der Stadt und des Landkreises Pirmasens (Die Kunstdenkmäler von Rheinland-Pfalz, Bd. 2), bearb. v. DEMS. u. Hans E. KUBACH, München 1957.

Günter STEIN, Burgen und Schlösser in der Pfalz, 2., verb. Aufl. Würzburg 1986.

Horst W. BÖHME, Burgen der Salierzeit in Hessen, in Rheinland-Pfalz und im Saarland, in: Burgen der Salierzeit, Tl. 2 (Römisch-Germanisches Zentralmuseum. Forschungsinstitut für Vor- und Frühgeschichte. Monographien, Bd. 26), hrsg. v. DEMS., Sigmaringen 1991, S. 7–80. – Helmut BERNHARD u. Dieter BARZ, Frühe Burgen in der Pfalz. Ausgewählte Beispiele salischer Wehranlagen, in: ebd., S. 125–175.

Thomas BILLER, Der frühe gotische Burgenbau im Elsaß (1250–1300) (Die Burgen des Elsaß, Bd. 3), München 1995.

Burgen, Schlösser, feste Häuser. Wohnen, Wehren und Wirtschaften auf Adelssitzen in der Pfalz und im Elsaß, hrsg. v. Jürgen KEDDIGKEIT, Kaiserslautern 1997.

Alexander THON, Standardwerk oder Amphilogie? Überlegungen zu Stand, Aufgabe und Methode nicht nur der pfälzischen Burgenforschung, in: Pfälzer Heimat 49, 1998, S. 118–124.

DERS., Burgenforschung als interdisziplinäres Problem oder Über die Schwierigkeit, ein Handbuch zu verfassen. Marginalien zu einer neuen Publikation, in: Jahrbuch zur Geschichte von Stadt und Landkreis Kaiserslautern 36/37, 1998/99, S. 271–304.

Pfälzisches Burgenlexikon (Beiträge zur pfälzischen Geschichte, Bd. 12). Bd. 1: A–E, hrsg. v. Jürgen KEDDIGKEIT, Karl SCHERER, Eckhard BRAUN, Alexander THON u. Rolf ÜBEL, Kaiserslautern 1999. - Bd. 2: F–H, hrsg. v. Jürgen KEDDIGKEIT, Alexander THON u. Rolf ÜBEL, ebd. 2002.

Alexander THON, „Wie Schwalben Nester an den Felsen geklebt, erheben sich Mauern, Häuser und riesige Thürme am senkrechten Abgrunde". Pfälzische Burgen in Zeichnungen Leopold Eltesters (1822–1879), in: Jahrbuch für westdeutsche Landesgeschichte 27, 2001, S. 225–307.

Manfred CZERWINSKI, Jürgen KEDDIGKEIT u. Alexander THON, Pfalz und Umgebung (Die schönsten Burgen Deutschlands, 1) (CD-ROM), 2., erw. u. verb. Ausg. Kaiserslautern 2003.

Touristische Hinweise

Burgengruppe Altdahn – Grafendahn – Tanstein

Abfahrt A 65 Landau-Nord ➢ Dahner Burgen = 41 km.
A 65 ➢ Abfahrt Landau-Nord auf B 10 in Richtung Pirmasens über Annweiler bis Hinterweidenthal. Dort Abfahrt nach links auf die B 427 in Richtung Dahn.
Hier nach links auf die K 40 (Richtung Erfweiler) und rechts auf Fahrstraße bis zum Parkplatz unterhalb der Burgen. Der Fußweg zu den drei Burgruinen beträgt ca. 500 m.
Ruinen mit Burgmuseum, Öffnungszeiten: Karfreitag–31. Oktober 10.00–17.00 Uhr
Informationen: 06391/3650 – www.burgen-rlp.de

Anebos

Abfahrt A 65 Landau-Nord ➢ Anebos = 23 km
Anfahrt wie bei Scharfenberg. Vom Parkplatz führt ein Fußweg in 20 Minuten zur Ruine Anebos.
Offene Ruine

Berwartstein

Abfahrt A 65 Landau-Nord ➢ Berwartstein = 30 km
A 65 ➢ Abfahrt Landau-Nord auf die B10 bis zur Abfahrt Annweiler-West/Trifels, hier auf die L 490 bis Annweiler/Sarnstall. Dann nach links auf die K 65/L 490 über Lug – Schwanheim – Darstein – Oberschlettenbach – Vorderweidenthal – Erlenbach und von hier aus auf der K 50 zur Burg Berwartstein.
Privatbesitz – Besichtigungen mit Führung: 10.00–18.00 Uhr. Burggaststätte (06398/210)

Blumenstein

Abfahrt A 65 Landau-Nord ➢ Blumenstein = 55 km
A 65 ➢ Abfahrt Landau-Nord auf die B 10 in Richtung Pirmasens über Annweiler bis Hinterweidenthal. Dort Abfahrt nach links auf die B 427 in Richtung Dahn. Hinter Dahn rechter Hand in Richtung Bruchweiler – Rumbach – Schönau. In der Ortsmitte nach rechts und 2 km auf der K 43 in Richtung Petersbächel bis zum Parkplatz „An der Schanze“. Fußweg zur Burgruine 1,5 km. Offene Ruine

Drachenfels

Abfahrt A 65 Landau-Nord ➢ Drachenfels = 35 km
A 65 ➢ Abfahrt Landau-Nord auf die B10 bis zur Abfahrt Annweiler-West/Trifels, hier auf die L 490 bis Annweiler/Sarnstall. Dann nach links auf die K 65/L 490 über Lug – Schwanheim – Darstein – Oberschlettenbach – Vorderweidenthal zur B 427. Dort nach rechts in Richtung Busenberg/Dahn. Nach 4 km links Zufahrt bis zum Parkplatz unterhalb der Burg. Fußweg von 500 m.
Offene Ruine

Falkenburg

Abfahrt A 65 Landau-Nord ➢ Falkenburg = 25 km
A 65 ➢ Abfahrt Landau-Nord auf die B 10 über Annweiler – Sarnstall – Rinnthal bis zur Ausfahrt Wilgartswiesen. Nach Durchfahren von Wilgarstwiesen am Ortsausgang rechts parken. Der Fußweg vom Parkplatz zur Burgruine beträgt ca. 2 km.
Offene Ruine

Fleckenstein

Abfahrt A 65 Landau-Nord ➢ Fleckenstein = 60 km
A 65 ➢ Abfahrt Landau-Nord auf B 10 in Richtung Pirmasens über Annweiler bis Hinterweidenthal. Dort Abfahrt nach links auf die B 427 über Dahn bis zum Stadtteil Reichenbach. Abfahrt nach rechts auf die L 489 in Richtung Bundenthal und am Ortseingang nach rechts auf die L 478 über Rumbach – Schönau – Hirschthal über die Grenze ins Elsaß. Kurz hinter der Grenze führt linker Hand eine ausgeschilderte Fahrstraße zum Parkplatz an der Burg.
Öffnungszeiten: April–Juni, September/Oktober 10.00–18.00 Uhr; Juli/August 9.30–18.30 Uhr; März/November 10.00–17:00 Uhr
Informationen: 0033-3-88944316 – www.ot-lembach.com

Frönsburg

Abfahrt A 65 Landau-Nord ➢ Frönsburg = 63 km
A 65 ➢ Abfahrt Landau-Nord auf B 10 in Richtung Pirmasens über Annweiler bis Hinterweidenthal. Dort Abfahrt nach links auf die B 427 über Dahn bis zum Stadtteil Reichenbach. Abfahrt nach rechts auf die L 489 in Richtung Bundenthal und am Ortseingang nach rechts auf die L 478 über Rumbach – Schönau – Hirschthal über die Grenze ins Elsaß. Dort auf der D 929 bis zur Kreuzung D 929/D 3. Hier rechts

abbiegen und auf der D 3 in Richtung Niedersteinbach fahren, nach 4 km rechter Hand Parkmöglichkeit. Der Fußweg von ca. 3,5 km zur Burgruine ist ausgeschildert.
Offene Ruine

Gräfenstein

Abfahrt A 65 Landau-Nord ➢ Gräfenstein = 47 km
A 65 ➢ Abfahrt Landau-Nord auf die B 10 in Richtung Pirmasens über Annweiler und Hinterweidenthal bis Münchweiler an der Rodalb. Dort abbiegen auf die L 496 Richtung Rodalben/Merzalben. Nach ca. 3 km rechts auf die L 497 nach Merzalben. Am Ortsausgang rechts abfahren zum Parkplatz unterhalb der Burg.
Offene Ruine

Guttenberg

Abfahrt A 65 Landau-Süd ➢ Guttenberg = 30 km
A 65 ➢ Abfahrt Landau-Süd auf die B 10 und kurz danach auf die B 38 in Richtung Bad-Bergzabern. Dort linker Hand auf die B 427 in Richtung Pirmasens bis zur links nach Böllenborn abzweigenden L 492. Kurz vor der Ortschaft Böllenborn führt links ein 2 km langer Fahrweg zum Parkplatz „Drei Eichen". Der Fußweg vom Parkplatz zur Burg beträgt 3 km.
Offene Ruine

Hambacher Schloss – Kästenburg – Maxburg

Abfahrt A 65 Neustadt-Süd ➢ Hambacher Schloss = 7 km
A 65 ➢ Abfahrt Neustadt an der Weinstraße-Süd auf die B 39 und wenig später links auf die K 9 in Richtung Hambach. Auf ausgeschilderter Fahrstraße gelangt man durch die Ortschaft zum Parkplatz an der Schlossruine. Der Fußweg zur Burg beträgt ca. 500 m.
Bewirtschaftete Burg- und Schlossruine – Öffnungszeiten: 1. März bis 30. November täglich von 10.00–18.00 Uhr (letzter Einlass 17.30 Uhr)
Informationen: 06321/30881

Hohenburg

Abfahrt A 65 Landau-Nord ➢ Hohenburg = 60 km
Anfahrt wie bei Fleckenstein. Vom Parkplatz an Burg Fleckenstein führt ein steiler Fußweg in nordwestlicher Richtung von ca. 35 min zur Burgruine. Offene Ruine

Landeck

Abfahrt A 65 Landau-Süd ➢ Landeck = 15 km
A 65 ➢ Abfahrt Landau-Süd auf der B 10 und dann wenig später nach links auf der B 38 in Richtung Bad-Bergzabern. In Appenhofen nach rechts über Heuchelheim nach Klingenmünster rechter Hand auf die B 48 in Richtung Annweiler. Hinter dem Ortsausgang von Klingenmünster links zur Pfalzklinik Landeck und auf die Fahrstraße zum ca. 2 km entfernten Parkplatz direkt vor der Burgruine.
Ruine mit Gaststätte (ab 11:00 durchgehend geöffnet außer Montag)
Informationen: 06349/8744

Lemberg

Abfahrt Landau-Nord ➢ Lemberg = 44 km
A 65 ➢ Abfahrt Landau-Nord auf die B 10 in Richtung Pirmasens über Annweiler bis Hinterweidenthal. Dort abfahren nach links auf die B 427 in Richtung Dahn/Bad Bergzabern bis zur Kreuzung B 427/L 486 und dort nach rechts über Salzwoog bis nach Lemberg. Ein ausgeschilderter Fahrweg führt bis zum Parkplatz unterhalb der Burgruine. Der Fußweg zur Burg beträgt 400 m.
Offene Burgruine mit Gaststätte und Burgeninformationszentrum
Informationen: 06331/872135 – www.burg-lemberg.de

Lindelbrunn

Abfahrt A 65 Landau-Nord ➢ Lindelbrunn = 30 km
A 65 ➢ Abfahrt Landau-Nord auf die B 10 bis zur Abfahrt Annweiler-West/Trifels, hier auf die B 48 in Richtung Bad Bergzabern. Nach 4 km rechts ab auf die L 494 über Völkersweiler – Gossersweiler-Stein bis nach Silz. In Silz nach rechts auf die L 493 in Richtung Vorderweidenthal. Nach 5 km an der Kreuzung L 494 nach rechts abbiegen auf die K 10 bis zum Parkplatz Lindelbrunn. Der steile Fußweg vom Parkplatz zur Burgruine beträgt ca. 1 km.
Offene Ruine

Löwenstein

Abfahrt A 65 Landau-Nord ➢ Löwenstein = 60 km
Anfahrt wie bei Fleckenstein. Vom Parkplatz an Burg Fleckenstein führt ein steiler Fußweg in nordwestlicher Richtung von ca. 35 min zur Burgruine.
Offene Ruine

Madenburg

Abfahrt A 65 Landau-Nord ➢ Madenburg = 20 km
A 65 ➢ Abfahrt Landau-Nord auf die B 10 in Richtung Annweiler bis zur Ausfahrt Birkweiler. Dort nach links auf die L 508 über Ranschbach und Leinweiler bis nach Eschbach. Parkmöglichkeit am Ortsende bei der Kapelle. Der Fußweg vom Parkplatz zur Burg beträgt 2 km.
Ruine mit Burgmuseum – Öffnungszeiten 10.00–19.00 Uhr außer Montag (1. April – 31. Oktober) bzw. außer Montag/Dienstag (1. November – 31. März)
Informationen: 06345/7110

Meistersel

Abfahrt A 65 Landau-Nord ➢ Meistersel = 27 km
A 65 ➢ Abfahrt Landau-Nord auf die B 10 bis Annweiler-Queichhambach, dort nach rechts auf die L 505 Richtung Eußerthal/Ramberg. An der folgenden Straßengabelung nach rechts auf die L 506 über Dernbach und Ramberg bis zum Parkplatz „Drei Buchen". Dort führt linker Hand an einem Soldatengrab vorbei ein 1 km langer Fußweg zur Burg.
Offene Ruine

Neudahn

Abfahrt A 65 Landau-Nord ➢ Neudahn = 40 km
A 65 ➢ Abfahrt Landau-Nord auf B 10 in Richtung Pirmasens über Annweiler bis Hinterweidenthal. Dort Abfahrt nach links auf die B 427 in Richtung Dahn bis zum Parkplatz Neudahner Weiher. Von dort führt ein 500 m langer Fußweg zur Burgruine.
Offene Ruine

Neukastel

Abfahrt A 65 Landau-Nord ➢ Neukastel = 15 km
A 65 ➢ Abfahrt Landau-Nord auf die B 10 in Richtung Annweiler bis zur Ausfahrt Birkweiler. Dort nach links auf die L 508 über Ranschbach nach Leinweiler und, der Beschilderung folgend, durch den Ort bis zum Parkplatz am Slevogthof. Hier führt ein steil ansteigender Fußweg („Fels") von ca. 2 km Länge zur Burgruine.
Offene Ruine

Neuscharfeneck

Abfahrt A 65 Landau-Nord ➢ Neuscharfeneck = 27 km
Anfahrt wie bei Meistersel bis zum Parkplatz „Drei Buchen". Dort führt rechter Hand ein 3 km langer Fußweg zur Burg.
Offene Ruine

Ramburg

Abfahrt A 65 Landau-Nord ➢ Ramburg = 23 km
A 65 ➢ Abfahrt Landau-Nord auf die B 10 bis Annweiler-Queichhambach, dort nach rechts auf die L 505 Richtung Eußerthal/Ramberg. An der folgenden Straßengabelung nach rechts auf die L 506 über Dernbach bis zur Ortschaft Ramberg. Der Hauptstraße folgen bis zum nördlichen Ortsende, wo ein 3 km langer Fußweg zur Burg führt.
Offene Ruine

Scharfenberg

Abfahrt A 65 Landau-Nord ➢ Scharfenberg = 23 km
A 65 ➢ Abfahrt Landau-Nord auf die B 10 bis zur Ausfahrt Annweiler-West. Von dort aus führt eine gut ausgeschilderte Fahrstraße in Richtung Burg Trifels. Nach ca. 6 km Parkmöglichkeit unmittelbar an der Gabelung der Straße in zwei Einbahnstraßen. Vom Parkplatz führt ein ausgeschilderter Fußweg in 10 Minuten zur Ruine Scharfenberg.
Offene Ruine.

Schlössel

Abfahrt A 65 Landau-Süd ➢ Schlössel = 17 km
Anfahrt wie bei Landeck bis zur Pfalzklinik. Von der Südwestseite der Klinik führt ein 1 km langer steiler Fußweg zur Burgruine.
Offene Ruine

Steinenschloss

Abfahrt A 65 Landau-Nord ➢ Steinenschloss = 53 km
A 65 ➢ Abfahrt Landau-Nord auf die B 10 in Richtung Pirmasens über Annweiler und Hinterweidenthal bis Münchweiler an der Rodalb. Hier nach rechts abbiegen auf die L 496 und nach 3 km links auf die L 497 über Rodalben in Richtung Thaleischweiler-Fröschen bis zur B 270. Dort nach rechts bis zur Abzweigung der L 477 auf der linken Seite. Nach Überquerung der Eisenbahn befindet sich rechts ein Park-

platz unterhalb der Burg. Der Fußweg zur Burg beträgt ca. 5 min.
Offene Ruine

Trifels

Abfahrt A 65 Landau-Nord ➢ Trifels = 23 km
A 65 ➢ Abfahrt Landau-Nord auf die B 10 bis zur Ausfahrt Annweiler-West. Von dort aus führt eine gut ausgeschilderte Fahrstraße zum Parkplatz unterhalb des Trifels. Auf einem steilen Fußweg erreicht man in ca. 20 min die Burg.
Öffnungszeiten: April–30. September 10.00–18.00 Uhr; 1. Oktober–30. November 10.00–17.00 Uhr; 1. Januar–31. März 10.00–17:00 Uhr (letzter Einlass jeweils 30 min vor Schließung), Dezember geschlossen.
Informationen: 06346/8470 – www.burgen-rlp.de

Wasigenstein

Abfahrt A 65 Landau-Nord ➢ Frönsburg = 67 km
A 65 ➢ Abfahrt Landau-Nord auf B 10 in Richtung Pirmasens über Annweiler bis Hinterweidenthal. Dort Abfahrt nach links auf die B 427 über Dahn bis zum Stadtteil Reichenbach. Abfahrt nach rechts auf die L 489 in Richtung Bundenthal und am Ortseingang nach rechts auf die L 478 über Rumbach – Schönau – Hirschthal über die Grenze ins Elsaß. Dort auf der D 929 bis zur Kreuzung D 929/D 3. Hier rechts abbiegen und auf der D 3 in Richtung Niedersteinbach fahren. 500 m nach dem Ortsausgang von Niedersteinbach abbiegen nach rechts auf die D 190 in Richtung Wengelsbach. Nach 3 km erreicht man den Parkplatz „Wasigenstein". Der Beschilderung folgend führt ein Fußweg von 5 min Länge zur Burgruine.
Offene Ruine

Wegelnburg

Abfahrt A 65 Landau-Nord ➢ Wegelnburg = 60 km
Anfahrt wie bei Fleckenstein. Vom Parkplatz an Burg Fleckenstein führt ein steiler Fußweg in nordwestlicher Richtung von ca. 40 min zur Burgruine. Alternativ können auch Fußwege von der Ortsmitte von Schönau (3,6 km; Anfahrt wie bei Blumenstein) oder von Nothweiler aus (kürzer, jedoch sehr steil) benutzt werden.
Offene Ruine

Weitere Titel zum Thema

Thomas Biller/G. Ulrich Großmann
Burg und Schloss
Der Adelssitz im deutschsprachigen Raum
1. Aufl. 2002, 280 S., 94 Farb-, 29 s/w-Abb., 33 Grundrisse und Pläne, 17 x 24 cm, Leinen mit Schutzumschlag, fadengeheftet
ISBN 3-7954-1325-7
€ 34,90 [D] / SFr 59,-

Neben ihrem architektonischen Reiz verkörpern Burgen und Schlösser die Epochen vom Mittelalter bis zum Historismus. Dieses in seinem Ansatz neuartige Buch fragt nach den Ursachen der Entstehung so unterschiedlicher Bauwerke auf dem Hintergrund der sich wandelnden Situation des Adels als der sie tragenden gesellschaftlichen Schicht. Im Vordergrund stehen dabei die Gesichtspunkte Funktion und Bedeutung.

Untrennbar verbunden mit der Welt der Ritter ist deren Wohnsitz: die Ritterburg. Neu auf dem Markt ist eine zusammenfassende Darstellung, die sich nicht auf die mittelalterliche Burg beschränkt, sondern den Adelssitz im deutschsprachigen Raum charakterisiert und damit auch die Schlösser späterer Jahrhunderte berücksichtigt. Zwar steht die kenntnisreiche Erläuterung im Vordergrund, doch auch übergreifende Fragen werden thematisiert. Hervorzuheben ist die qualitätvolle Bebilderung.

Damals

Michael Fuhr
„Wer will des Stromes Hüter sein?“
40 Burgen und Schlösser am Mittelrhein – Ein Führer
1. Aufl. 2002, 144 S., 73 Farbabb., 1 Übersichtskarte, 15 x 21 cm, Softcover
ISBN 3-7954-1460-1
€ 12,90 [D] / SFr 22,80

Dieser neuartige Führer stellt alle Burgen und Schlösser am Mittelrhein zwischen Rüdesheim und Koblenz in Wort und Bild vor. In allgemein verständlicher Form und in handlichem Format werden aktuelle Ergebnisse der Bauforschung mit praktischen Reiseinformationen verbunden. Jedem Bauwerk ist eine Beschreibung gewidmet. Dargestellt werden die historische Bedeutung, die baugeschichtliche Entwicklung und das, was den Besucher heute dort erwartet.

... Jetzt hat das Landesamt für Denkmalpflege Rheinland-Pfalz einen Führer herausgegeben, der ein kulturgeschichtlicher Cicerone und ein praktischer Reiseführer in einem ist: Jede Burg wird anschaulich beschrieben und zu jeder gibt es eine Liste der wichtigsten historischen Daten – viele weisen bis ins 12. Jh. zurück. Ein Literaturverzeichnis, eine Erklärung der Fachausdrücke und praktische Angaben wie Anfahrtswege und Öffnungszeiten ergänzen den Band.

Das Parlament

Weitere Informationen im Internet: www.schnell-und-steiner.de